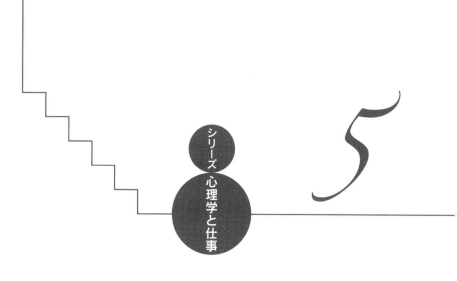

シリーズ 心理学と仕事

発達心理学

太田信夫 監修
二宮克美・渡辺弥生 編集

北大路書房

主に活かせる分野／凡例

 医療・保健
 福祉・介護
 教育・健康・スポーツ
 司法・矯正
 産業・労働・製造
 サービス・販売・事務
 IT・エンジニア
 研究・開発・クリエイティブ
 建築・土木・環境

監修のことば

> いきなりクエスチョンですが，心理学では「○○心理学会」という学会はいくつあると思いますか？
>
> 　　　　　　10 ？ 20 ？ 30 ？ 50 ？
>
> 　　　　　　　　　　　　　　　（答えは ii ページ右下）

　答を知って驚いた方は多いのではないでしょうか。そうなんです。心理学にはそんなにもたくさんの領域があるのです。心理学以外の他の学問との境界線上にある学会を加えると 100 を超えるのではないかと思います。

　心理学にこのように多くの領域があるということは，心理学は多様性と必要性に富む学問である証です。これは，心理学と実社会での仕事との接点も多種多様にさまざまであることを意味します。

　折しも心理学界の長年の夢であった国家資格が「公認心理師」として定められ，2017 年より施行されます。この資格を取得すれば，誰もが「こころのケア」を専門とする仕事に従事することが可能になります。心理学の重要性や社会的貢献がますます世間に認められ，大変喜ばしい限りです。

　しかし心理学を活かした仕事は，心のケア以外にもたくさんあります。私たちは，この際，心理学と仕事との関係について全体的な視点より，整理整頓して検討してみる必要があるでしょう。

　本シリーズ『心理学と仕事』全 20 巻は，現代の心理学とそれを活かす，あるいは活かす可能性のある仕事との関係について，各領域において検討し考察する内容からなっています。心理学では何が問題とされ，どのように研究され，そこでの知見はどのように仕事に活かされているのか，実際に仕事をされている「現場の声」も交えながら各巻は構成されています。

　心理学に興味をもちこれからそちらへ進もうとする高校生，現在勉強中の大学生，心理学の知識を活かした仕事を希望する社会人などすべての人々にとって，本シリーズはきっと役立つと確信します。また進路指導や就職指導をしておられる高校・専門学校・大学などの先生方，心理学教育に携わっておられる先生方，現に心理学関係の仕事にすでについておられる方々にとっても，学問と仕事に関する本書は，座右の書になることを期待していま

す。また学校ではテキストや参考書として使用していただければ幸いです。

　下図は本シリーズの各巻の「基礎－応用」軸における位置づけを概観したものです。また心理学の仕事を大きく分けて，「ひとづくり」「ものづくり」「社会・生活づくり」とした場合の，主に「活かせる仕事分野」のアイコン（各巻の各章の初めに記載）も表示しました。

　なお，本シリーズの刊行を時宜を得た企画としてお引き受けいただいた北大路書房に衷心より感謝申し上げます。そして編集の労をおとりいただいた奥野浩之様，安井理紗様を中心とする多くの方々に御礼を申し上げます。また企画の段階では，生駒忍氏の支援をいただき，感謝申し上げます。

　最後になりましたが，本書の企画に対して，ご快諾いただいた各巻の編者の先生方，そしてご執筆いただいた約 300 人以上の先生方に衷心より謝意を表する次第です。

監修者

太田信夫

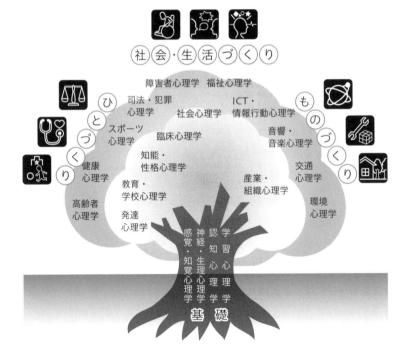

（答　50）

はじめに

1.「発達」の意味

「発達」（development）という言葉は，「どこから発し，どこに達するか」という単に出発点と到達点を意味するのではありません。時間的な変化や経過，さらには価値観を含んでいる概念です。人間の誕生（受精）から死にいたるまでの心身の変化の過程や連続性を扱い，時間軸から人間をみることをさしています。まさに人の一生涯の心理を扱っています。このことから，最近では生涯発達（life-span development）心理学と呼ばれることが多くなっています。

2. 発達心理学の研究分野

発達心理学が研究している分野は，胎児期・乳児期から高齢期までの時間軸上のみならず発達する領域（側面）でも多岐にわたっています。その領域を考える視点として，個性化と社会化に分けるとわかりやすいと思います。個性化とは，発達とともに個人の独自性（その人らしさ）が明確になり，自律していく過程です。社会化とは他人と共存し社会に適応していく過程です。親，きょうだい，仲間，保育者，教師，先輩後輩，地域の人々などさまざまな人間関係を通して，その社会や文化に適応していくために必要な言語，知識，態度，価値観などを学んでいきます。個性化と社会化に関連する領域すべてが，研究分野といえます。

3. 日本発達心理学会

人間の一生涯の心の発達，幸福な人生と福祉に研究上の関心をもっている人，その実践の場にいる人が中心となって，1989 年に日本発達心理学会が設立されました。当初は 400 名程度の会員数でしたが，2016 年度現在で 4,300 名を超える会員がいます。年 1 回の学術大会が開催され，学術雑誌『発達心理学研究』を年 4 号発行しています。また，会員は年 3 回のニューズレターと月 2 回インターネット配信される研究情報ニューズを受け取れます。

4．臨床発達心理士

　臨床発達心理士（Clinical Developmental Psychologist）は，2001 年に発足し 2009 年度からは日本発達心理学会，日本感情心理学会，日本教育心理学会，日本コミュニケーション障害学会の関連 4 学会の連合資格です。発達の臨床に携わる幅広い専門家に開かれた資格です。資格取得には，大学院修士課程修了者を基本とし，試験があります。ライフステージに応じ，多くの場で仕事をしています。保健所，保育所，幼稚園，子育て支援センター，通園施設，リハビリテーションセンター，児童相談所，盲・ろう・養護学校，特殊学級・通級指導教室，教育相談，適応指導教室，学童保育，障害者施設，作業所，老人保健施設，母子生活支援施設，発達クリニック，障害者職業センターなどです。全国大会も年 1 回開催され，2016 年には第 12 回大会が開催されました。さらに活動成果の公表の場として「臨床発達心理実践研究」があり，2016 年現在で第 11 巻が発行されています。

5．「発達心理学」に関連する学会

　心理学を専門とする学術団体である「日本心理学諸学会連合」に参加している学会は，51 団体です（2017 年 1 月現在）。その中で，発達心理学に関連の深い学会として，先に述べた「日本発達心理学会」のほかに「日本青年心理学会」と「日本乳幼児医学・心理学会」の 2 つがあります。それぞれ 300 〜 400 人の学会員を有しており，専門の学会誌を刊行しています。また，「日本教育心理学会」や「日本学校心理学会」，「日本 LD 学会」など，教育とのつながりで関連の深い学会があります。これら心理学専門の学会以外に，発達に関わる学会として「日本赤ちゃん学会」「日本乳幼児教育学会」「日本子ども学会」「日本保育学会」「日本思春期学会」「日本老年学会」などがあります。心理学のみならず教育学，社会学，小児科学，医学などの専門家が会員として参加しています。

6．発達科学という枠組み

　「個々人をダイナミックな，時間とともに変化する，統合され，また統合していく発達的システムの単位としてみる」という枠組みから「発達科学」（Developmental Science）として，近年は発達研究がとらえられるようになってきました（Cairns et al., 1996/2006）。社会科学，人文科学，生物

科学などの総合科学として，また「発達」への学際的アプローチとして，「発達科学」が提唱されるようになってきています。わが国でも，日本発達心理学会が2011年から順次「発達科学ハンドブック」を企画し，2017年1月現在で8巻まで刊行されています。発達心理学をつつみこんだ「発達科学」という用語が，次第に広がりをみせています。

7．本書の構成

　人間の一生涯を本書では，胎児期・乳児期，幼児期，児童期，青年期前半（中学生・高校生），青年期後半（大学生・有職青年），そして成人期の6つの段階に分けました。第1章は「発達心理学へのいざない」と題し，発達心理学を学ぶうえで基本的な事項をコンパクトにまとめました。この章を読んで，発達心理学の全体像や概要を理解してくださることを期待しています。第2章から第7章が，先に述べた生涯発達を6つの時期に分けた章に相当します。発達のそれぞれの時期の特徴や様子がわかると思います。

　人生上の出来事（ライフイベント）をどの年齢で経験したか，その時期，持続時間，配置，順序が重要であるというライフコースの考え方があります。個々人は歴史的・社会文化的環境の中で，行為と選択を通して自分自身のライフコースを構築していきます。それがその人の人生行路（トラジェクトリ）です。人生の中で出会う人々をコンボイ（convoy）といいます。元来は護送船団とか集団で移動する船という意味です。ライフコースの心理学では「人生の道づれ，つれあい」の意味で用います。

　本書では，「現場の声」で，発達心理学に関わる仕事を21種類取り上げました。それぞれ興味深い仕事です。これらはコンボイのすべてではありませんが，私たちが一生涯に交際する人々の代表です。

　今回紹介した21の「現場の声」がすべてではありません。図書館などで働く司書は，資格を取得するために「児童サービス論」が必修科目です。乳幼児や児童を対象に読み聞かせや紙芝居の実演，中・高校生へのヤングアダルトサービスの実践などを行うため，発達心理学の知識が必要です。

　「仕事の現場」は，まだまだ多くあることを付言しておきます。

編　者
二宮克美
渡辺弥生

目 次

監修のことば　i
はじめに　iii

第1章　発達心理学へのいざない　1

1節　発達心理学とは何か　1
2節　発達心理学が扱うテーマ　6
3節　発達心理学の研究法の特徴　11
4節　発達心理学の展望：社会の要請に応える研究蓄積と動向　16

- 現場の声 1　家庭裁判所調査官 …………… 21
- 現場の声 2　児童自立支援専門員 ……… 23
- 現場の声 3　出版社ライター ……………… 25

第2章　胎児・乳児の心理学　27

1節　はじめに　27
2節　乳児の心の調べ方　28
3節　乳児の知覚・認知能力　30
4節　乳児期の愛着　34
5節　胎内記憶　39
6節　胎児の痛み　41
7節　おわりに　44

- 現場の声 4　看護師 ……………………………… 45
- 現場の声 5　保健師 ……………………………… 47
- 現場の声 6　遺伝カウンセラー …………… 49

第3章　幼児心理学　51

1節　幼児期を育ちゆく子ども　51
2節　幼児は自分や世界をどのように認識しているか　53
3節　幼児が身につけていく力　60
4節　幼児心理学と仕事　66

- 現場の声 7　保育士 ……………………………… 70
- 現場の声 8　幼稚園教諭 ……………………… 72
- 現場の声 9　臨床発達心理士 ……………… 74

第 4 章　児童心理学　　　77

　1 節　「児童期」の誕生　　77
　2 節　学校文化への参入　　78
　3 節　認知的発達と学業　　79
　4 節　対人関係の特徴と社会性の発達　　82
　5 節　自己理解　　89
　6 節　児童期に特有のさまざまな問題　　90

　●現場の声 10　小学校教員 …………………… 96
　●現場の声 11　特別支援学校教員 …………… 98
　●現場の声 12　児童心理司 …………………… 100
　●現場の声 13　弁護士 ………………………… 102

第 5 章　中学生・高校生（青年期前半）の心理学　　　105

　1 節　中高生の心の発達　　105
　2 節　中高生に関わる社会問題の理解　　111
　3 節　中高生を支える大人たち　　122

　●現場の声 14　中学校教員 …………………… 124
　●現場の声 15　高等学校教員 ………………… 126
　●現場の声 16　スクールカウンセラー ……… 128
　●現場の声 17　少年院職員（法務教官）…… 130

第 6 章　大学生・有職青年（青年期後半）の心理学　　　133

　1 節　青年期後半の概要　　133
　2 節　個性化　　137
　3 節　社会化　　140
　4 節　仕事との関連　　145

　●現場の声 18　キャリア・カウンセラー …… 147
　●現場の声 19　刑事施設の民間心理士 ……… 149

第 7 章　成人心理学　　　151

　1 節　はじめに　　151
　2 節　成人期の発達の理論　　155
　3 節　成人期の発達に関わる経験　　160
　4 節　成人心理学と仕事　　166

　●現場の声 20　万引きGメン（店内保安員）…… 168
　●現場の声 21　産業カウンセラー …………… 170

　付録　さらに勉強するための推薦図書　　172
　文献　173
　索引　182

第1章

発達心理学へのいざない

活かせる分野

　発達心理学は，人の一生をさまざまな角度から追究している学問領域です。誰もがたどり，またたどるであろうライフイベントに焦点を当てて，私たちの身近な出来事を扱っています。本章では，発達心理学がどのような学問で，どういった方法で研究されているのか，そしてさらに私たちの日常生活にいかに貢献しうるのか，その概要をみていきます。

1節　発達心理学とは何か

1. 発達とは

　心理学でいう発達とは，時間にともなう心身の変化のことで，最近では生涯発達の視点から「人間の誕生（受精）から死にいたるまでの心身の変化」と定義されています。類似の概念として「成長」という言葉がありますが，これはどちらかといえば年齢にともなって生じる身体的・生理的変化といった形態的な量的変化をさし，それに対して「発達」とは言語獲得や認知発達など内面の質的変化をさしているといえます。また「成熟」という言葉もあります。それは20歳前後で成長が一定水準に達したときの状態をさしている側面と遺伝的・生物学的に予定されている素質が実現して，生体全体の身体的精神的機能や構造が形成されていることをいいます。

これらの概念を基本とする「発達心理学」という用語が心理学の専門領域として用いられるようになったのは比較的最近で，1960年代くらいからのことです。それ以前は人間の心や行動の発達は主に子どもへの関心・研究に向けられ，児童心理学の分野で扱われていました。その後対象となる範囲を「人間の誕生（受精）から死にいたるまで」と広げ，児童心理学から発達心理学という専門分野が成立していくことになります。

2.「子ども」の誕生と社会の変化

(1)「子ども」の誕生

　「子ども」について，歴史的な背景から考えてみましょう。歴史学者のアリエス（Ariés, 1960/1980）は絵画や彫刻，書簡などを分析し，中世までの社会では「子ども」という概念が存在していなかったことを指摘しています。13世紀になって「子ども」の存在が社会に認識されるようになりますが，子どもは小さな大人に過ぎませんでした。たとえば17世紀に描かれた肖像画では，7，8歳程度の子どもが大人と同じコスチュームを着て単純に小さくした姿で描かれています。つまり，大人と子どもの間にはほとんど区別がなく，乳幼児を過ぎて7歳にもなれば子どもは大人と同様の労働力となり，あらゆる日常で大人と同じ扱いだったそうです。子どもが大人の縮図としてではなく，独自の存在として認められていくのは18世紀末くらいになってからです。

概念，変わりました

(2) 社会の変化

　18世紀後半から19世紀初めに，イギリスを皮切りに産業革命が起こります。それまで手工業で行われてきた綿工業に機械が導入され，そこから一気にさまざまな分野で工業化が進みました（日本では明治

時代のことです）。社会の構図は変化していき，社会変化に合わせて新たな労働力の確保，社会治安の維持が求められていきます。そこで，社会の変化に応える子どもを育成するために国民教育制度が整備されます。子どもは学校教育を受ける存在として大人とは明確に区別され，「子ども」の存在への認識が社会に広がっていくことになります。また家庭では栄養，衛生面の向上を背景に子どもの生存率が高まり，人々は産児制限を始めて少数の子どもを長く親元に置いて育てるようになります。そのことによって家族の形も変化し，現代の家族形態に類似した「近代家族」が誕生していくことになります。そしてこのような家族形態の変化を背景に，子どもをどのように育てていくのかという育児への関心にもつながっていくことになります。

　「子ども」の概念がなかった時代から，社会変化とともに，徐々に子どもは保護され，しつけや教育を受ける対象としてとらえられるようになりました。発達心理学は，こういった社会的背景にともなって変化した私たちの日常生活に沿って発展してきたといえます。

3．発達に影響するもの：遺伝か環境か

　人の発達や成長は遺伝によるものなのか，成育環境によるものなのかという議論は，心理学において長く行われてきました。先にも示したように，人は時代における社会的，文化的影響を受けています。もちろん家庭環境，教育環境など毎日の生活と密接に結びついた環境も発達に影響を及ぼしているでしょう。しかし一方で人間を作っている細胞は，父・母に由来する遺伝子（DNA）からできていて，これが人の背の高さや肌の色はもちろん，知能や性格に影響していることも事実です。「遺伝か環境か」の議論は，現在では「遺伝も環境も」という，どちらからも影響を受けているという相互作用説で落ち着いています。行動遺伝学に双生児法という研究方法があります。一卵性双生児（遺伝子はまったく同じ）と二卵性双生児（遺伝子は50％同じ）の類似性を統計的に比較することによって，遺伝，共有環境（同じ家族で育った影響），非共有環境（同じ環境で育ちながらも一人ひとり固有な環境の影響。たとえば学校での友人関係など）の影響の大きさを推定します。その研究の結果をまとめると，以下のようになります（安藤，2016; Turkheimer, 2000）。

①人間のすべての行動特性は遺伝の影響を受ける（遺伝の普遍性）。
②同じ家族で育てられた影響は，遺伝の影響より小さい（共有環境の希少性）。
③複雑な人間の行動特性にみられる分散のうち，相当な部分が遺伝や家庭環境によって説明できない（非共有環境の優位性）。

つまり人の発達は遺伝の影響を受けているけれども，友人や学校，文化といった外の環境も大きく作用していくといえます。

4．発達をとらえる視点

(1) 発達段階

発達心理学では人の一生を発達期で区分して表し，その区分は発達段階といわれています（表1-1）。よく知られた発達段階理論にピアジェ（Piaget, J.）の認知発達理論やエリクソン（Erikson, E. H.）の心理社会的発達理論があげられます。各発達段階では「何歳で～ができるようになる」という具体的な目安が提示され，発達期に生じる特徴がとらえやすくなっています。これらの段階を把握することで，子どもへの理解や支援の手立てを考えること，また青年や成人期に生じる課題を確認し，生涯全体を見通すことも可能となります。

しかしいくつか問題が指摘されています。たとえば各段階が連続し

▼表1-1　発達期の区分（子安，2011）

出生前期 (prenatal period)：胎内にいる時期。卵体期（ovum：受精後6～10日），胎芽期（embryo：～2か月頃），胎児期（fetus：～40週まで）に区分
新生児期 (neonatal period)：生後4週まで
乳児期 (infancy)：生後4週目～1歳6か月まで
幼児期 (young childhood)：1歳6か月～就学まで
児童期 (childhood)：小学生の時期
＊思春期 (puberty)：小学生後半～中学生
青年期 (adolescence)：中学生～20歳代後半
成人期 (adulthood)：30歳代～
＊中年期 (middle age)：青年と老年の狭間
老年期 (senescence：old age)：65歳以上

注）＊研究者により，各期の始期が一致しないことがある。特に，「思春期」と「中年期」は，その時期を設定するかどうかを含めて，研究者による違いが大きい。

ているのか否か(つまり,各段階は徐々に変化する漸次的なものか,今までできなかったことが突然できるようになるといった飛躍的なものか),また発達段階が普遍性を強調しているあまりに文化差や個人差を考慮していないということがあげられています。微視的にみれば少しずつ連続しているようにみえる発達も,巨視的にみれば飛躍している発達もあるでしょう。さらに各文化や各個人において,発達段階がぴったり当てはまらないこともあるでしょう。発達段階というとらえやすい物差しをもちながらも,個人個人は独自の存在であることを忘れずに,柔軟性をもって人の発達をとらえることが重要です。

(2)獲得と喪失

　発達段階で示される事柄は,「～ができるようになる」という獲得課題が中心です。しかし実際には私たちの発達は獲得と喪失を繰り返していくと考えられています。実際に高齢になるにつれて,運動面や記憶面での機能の低下など失われる面があることは想像できるでしょう。しかし,生まれたばかりの赤ちゃんも喪失する面をもっています。たとえば赤ちゃんは生まれた当初,さまざまな言語を聞き分ける力をもっていますが,それは1歳になる頃には失われてしまいます。この機能が喪失したために,成人に達した私たちには外国語を聞き分けることが難しくなります。赤ちゃんは脳の神経細胞同士を結びつけるシナプスを最大に増加させて環境に適応する能力を得ていきます。逆に,自分の適応する環境に必要ではない能力は捨てていき,そして新たに現在の環境に適応するために必要なシナプスを増加させていくと

生涯発達について
もう少し詳しく…

　バルテス(Baltes, 1987)は生涯発達を獲得と喪失,成長と衰退の混合したダイナミクスとしてとらえています。そして喪失,衰退が進行するエイジングへの適応として獲得を最大に,喪失を最小にするための個々人の努力が必要であるとし,「補償をともなう選択的最適化」を提唱しています。例としては,80歳でも演奏活動をしていたピアニストのルービンシュタインが,演奏レパートリーを減らし(=選択),そのレパートリーだけを徹底して練習し(=最適化),テンポの速い演奏箇所の前はゆっくり弾いて印象操作(=補償)をすることで,すばらしい演奏を維持していたことがあげられます(Baltes, 1997)。

考えられています。つまり生涯発達は獲得と喪失が同時に繰り返し起こる過程といえます。

近年，ウェルビーイング（well-being：身体的，精神的，社会的に良好な状態）やサクセスフルエイジング（successful aging：幸福な老い）といった言葉がよく聞かれるようになり，幸福感，満足感といったポジティブな観点から生活を見直す傾向が強くなりました。発達心理学においては，単なる生涯の全体像を提示するだけではなく，人生において生じる課題や困難をいかに乗り越えていくのかという手がかりを提案するようなあり方が必要になってきています。

5．発達心理学の意義

発達心理学を学ぶ意義としては，まず「何歳で〜ができるようになる」「何歳で〜という課題に向き合う」など，人の発達について物差しをもつことが可能になることがあげられるでしょう。発達の物差しをもつことによって，これまでの自分の発達を振り返り，自分を客観的に知る一助となるでしょうし，今後の将来を見通す際にも役立つかもしれません。

さらに親や教師など，人を育み，支援する役割や仕事を担う際に，またさまざまな仕事で人を理解する際に，相手がなぜこのような行動をするのか，どのような手助けを必要としているのかなど，発達に沿った支援の視点に立ちやすく，次の発達段階を見据えた適切な介入が可能になることが考えられます。そして発達心理学は，個別的な発達を考えていく学問領域でもあり，基準的な発達に沿わない子どもや成人に対して温かい眼差しで一人ひとりの発達を見守ることができるようになるかもしれません。

人の生涯にわたる発達を知ることは，自他を含めて広い視野で人をとらえることを可能にし，人生における困難に対処する力をつけることにつながるのではないでしょうか。

2節　発達心理学が扱うテーマ

1．「変化（change）」を扱う

発達心理学は，人間の一生涯を通じた心身の発達過程を，心理学と

いう理論をもとにして研究する一分野といえるでしょう。人の生涯にわたる発達を知ることは，自他を含めて広い視野で人をとらえることを可能にします。広義には，人間だけではなく，動物から人間への進化や人類が築いてきた文化の発展，あるいは，健常者だけではなくすべての人たちを含みます。狭義には，出生から死にいたるまでの「変化」を明らかにし，機能として意味づけられるものを解明する分野をさします。以前は，見た目にも機能の面においても成熟や向上といった上昇する側面にのみ焦点が当てられ，児童期，青年期の発達にばかりスポットライトが当たっていました。

しかし，最近では受精から死にいたるまでのプロセスすべてを解明しようする「生涯」にわたる学問として定着しています。科学が進歩して，多様な研究が積み重ねられ，青年期以降の成人期や高齢期（老年期）も機能によっては老化するばかりではなく，経験から得られる判断力など向上する領域も見出され，生まれてから死ぬまでのプロセスについて多視点から研究されています。発達はシステムという視点からとらえられるようになり，「変化と可塑性」「構造の関係性と統合」「歴史のように長期に埋め込まれているものと一時的なもの」「一般化できるかどうかの限界や，多様性，個人差」といった切り口からも明らかにされつつあります（Lerner, 1998）。

2．特徴とする「定性的な観点」

心理学の科学としての幕開けは，1800年代のドイツにおけるヴント（Wundt, W.）の実験心理学を起源として紹介されます。しかし，発達心理学の歴史は，テキストによって異なり，アメリカに児童研究運動を起こしたホール（Hall, S.）などが児童心理学の始まりを告げたとして取り上げられたりしています。1節で述べたように，子どものとらえ方など国や時代によって，実際の「いつ」という明確な歴史については実は定かではありません。たとえば，道徳性の発達などは，ギリシャ，ローマ時代のアリストテレスやソクラテスの考えにさかのぼることもありますし，ダーウィンなどの進化論を含めると，かなり歴史は古いことになります。

また，実験や基礎研究のように，変数を絞り込み厳密に分析されている心理学領域に比較すると，発達心理学ではそれだけでなく，かな

り質的に，子どもたちを観察することから得られた研究も含まれます。定量的な研究だけではなく定性的な研究も多く含まれる分野です。心理学全体の学問の確立は，物理や生物学などの科学の発展の影響を多大に受けています。より科学的になることを目指し，量的なエビデンスを求めて実験をもとに統計的検定で論理的に実証していこうという指向が強まりました。しかし，発達心理学が対象とする人は，胎児や乳児であったり，高齢者であったり，特別な支援が必要な人だったりと，実験室研究で日常の心の働きを測定することが難しいことが少なくありません。またサンプルが少ない場合が多く，観察や面接などを通して質的な視点からも，「人間」の心の働きを明らかにしようとするところが，発達心理学の特徴といえるでしょう。

3．発達心理学が扱う領域

　発達心理学が扱う領域は実にさまざまです。社会心理学，臨床心理学，感覚知覚心理学など，それぞれの心理学が検討しようとする対象を，さらに発達的な視点から検討しようとすれば，それは発達心理学の領域とも考えられます。たとえば，川島・渡辺（2010）の発達心理学のテキストでは，胎児期のプロセス，感覚知覚，動物と人間の比較，感情，思考，言葉，親子関係，対人関係，知能，意欲と欲求，自己の発達，性差，道徳性，発達障害，などの切り口から発達が取り上げられ，世界中の研究からほぼ一般化される発達心理学の知見が紹介されています。他方，「10歳の壁」といった教育現場から教員を中心に発信された発達的教育的な問題に着目しながら発達心理学の知見を紹介し，壁ではなく飛躍として考えようとした一般書もあります（渡

> **1980年代には，日本でも発達心理学が確立**
>
> 　発達心理学の研究は，以前は北アメリカやヨーロッパを中心にまとめられた研究が多く，西洋で明らかにされてきた知見をわが国で紹介するという流れが源流でした。しかし，1980年代になり，日本でもこの分野が確立され，多くの研究がなされるようになりました。こうした日本での「発達」に関わる学問の勢いが高まり，日本発達心理学会という組織が1989年に設立されています。学会では，学者・研究者だけでなく，発達の実務に携わっている人たちの参加も歓迎され，多様な職種間のコラボレーションもみられるようになっています。

辺，2011）。すなわち，最近では科学的に明らかにしようとするだけでなく，支援につながる実践知が発達心理学に求められつつあります。

　こうした支援を念頭に，関心の高いトピックを収録しながら生涯発達を解説しようとした体系的な事典も出版されています（日本発達心理学会，2013）。事典では，以下のような人間の機能や役割を示す25の行動を見出しにして分類し，それぞれの分類にいくつかの専門項目をあげて説明しています。

　　かたる，かんじる，ふれる，かんがえる，いきる，まなぶ，そだてる，おいる，あいする，はずれる，かかわりあう，うまれる，はたらく，なやむ，ささえる，うごく，あらわす，なる，ある，くらべる，うしなう，はかる，しらべる，うったえる，てをくむ

　これを見るだけでも実に多岐にわたっていることがわかります。
　今日にいたる過程で，多少分類の仕方や分類名に変化が認められますが，人間の心の領域として，感情や思考，欲求といったトピックをもとにした分け方からではなく，対象とする人たちに焦点を当てる分け方が重視されてきていると考えられます。

4．近接する他の領域

　発達心理学の近接領域には，影響し合う多くの学問があります。比較行動学，霊長類学，行動遺伝学，現代哲学，生物学，動物行動学，進化学，文化人類学，歴史学，ダイナミックシステムズアプローチ，社会言語学，認知科学，教育学，家族社会学，社会学，エスノグラフィ，現象学，小児科学，精神医学，脳科学，病理学などがあげられます（岡本ら，1995; 日本発達心理学会，2013）。もちろん，他の領域の心理学分野（たとえば，教育心理学）とオーバーラップしているところも多々あります。時には，発達心理学の「成熟」や「環境」の考え方や手続きと対立する立場をとる場合もあります。関連のある領域について代表的な6領域を簡潔に紹介しましょう。

(1) 比較行動学

　動物の生活の場において発現する自発的な行動をありのままに観察

し，行動がどのように発生するのか，その仕組みを探ろうとするところに大きな特徴があります。特定の行動ばかりではなく，行動間の関連性にも注目して，その行動の発生や機制を明らかにする学問です。

（2）行動遺伝学

　心理学と遺伝学の学際的な分野として考えられています。動物の遺伝的基礎と遺伝が環境に及ぼす影響などを総合的に検討します。遺伝子型の差異が行動にどのような影響を及ぼすのか，遺伝と環境要因との交互作用など発生的また生理的プロセスを解明しています。

（3）文化人類学

　フィールドワークで得られた資料に基づいて，参加観察を主な研究方法としながら，社会や文化全体を，その当事者の視点から理解することを目標としています。生活様式や，言語習慣，ものの考え方など文化を比較し，人類共通の法則性を見出そうとしています。

（4）社会言語学

　社会と言語の関係を探求する学問です。実際に言語がどのように使用されているのか，またどのような社会的条件と関連しているかを明らかにしようとしています。敬語の研究や言葉の男女差，年齢差，職業差などとの関係も研究対象としています。

（5）教育学

　教育について子どもを一人前の社会のメンバーにするための文化的な営みと考えます。抜本的な教育制度や法律について研究し，家庭や地域社会も含めて子どもを育てていく体制づくりを目指します。同時に，どんな年齢の人でも人間的な成長のために学べる社会環境を育てることを目標にしています。

（6）社会学

　人が実際の生活の中で日々遂行しているさまざまな活動,たとえば,朝ゴミ出しをするといった行動を秩序だって合理的であるとみなします。生活の中で用いられている手続きを経験的,具体的に明らかにし,

人と人との関わりの中でどのように構成されているかを探求しています。

5. 発達心理学が目指しているところ

　発達心理学の3つの目標として，発達を「記述し」「説明し」「最適化する」ことが掲げられています（Baltes et al., 1980）。発達を記述するためには，発達的変化の典型的なパターンに焦点を当てることが必要です。同時にまた，個人差を明らかにしていくことも求められます。定型的な発達は，継続的で蓄積されるプロセスとしてみなされます。しかし，人生において，思いがけない事態が生じた場合には，その定型的な変化とは異なる変化も生じうる可能性があります。こうした変化は，発達の可塑性（かそ）と呼ばれるものです。

　こうした発達のプロセスを説明しようとするとき，遺伝と環境といった問題を考慮することは重要なことです。遺伝による生物的な成熟については，医学や先にあげた隣接する研究成果の恩恵を受け，今まで解明されていない実験結果や現象をより正確に記述しうるものになってきています。また，環境についても時代とともに変化していることから，経験できる学習内容やそのプロセス自体が変化しています。その結果，今まで定型としていた発達パターン自体が，必ずしも定型とはいえなくなる可能性を示唆します。

　世界中の人間の発達が発達時期において，おおよそ同時期に類似している側面を考えると（たとえば，立ち上がり歩行するのにおおよそ1年かかる），私たちの遺伝がもたらすものの影響が大きいでしょうし，国や地域によって異なる文化や社会の側面に目を向けると，環境による影響が大きいと考えられます。このように，発達心理学は以前から変わらない流れとまた，変化しようとする流れが常に融合し，より新しい探求を求めている学問といえ，絶え間ない最適化が必要な学問といえるでしょう。

3節　発達心理学の研究法の特徴

　先にも少しふれましたが，心理学が1つの学問として誕生したのは，ヴントがドイツのライプチヒ大学に実験心理学室を設立し，客観的で

実証的な実験を始めたことが始まりでした。1879年のことです。心理学の学問としての根幹は，科学的な研究法を通して人の心や行動を明らかにしていくことでした。ここでは発達心理学で使われる研究法を紹介します。

1. 発達の変化をとらえる研究方法

　発達心理学は生涯にわたる人の変化を対象としている学問であるため，年齢にともなう発達期をどのようにとらえるのかという課題があります。発達の変化をとらえる研究方法としては横断研究，縦断研究があげられます。

(1) 横断研究

　横断研究は年齢の異なる集団からデータを収集し，それぞれの集団の特徴を明らかにして発達をとらえる方法をさします。たとえば子どもの言語力と読書頻度について8，10，12歳と3つの年齢集団に対して同時期にデータを収集し，それぞれの年齢集団での言語力と読書頻度との関連を調べたとします。その場合，8，10，12歳という3時点を比較することで言語力，および読書頻度の発達的な変化が明らかになるとともに，各時点での言語力と読書頻度との関連が検討できます。各年齢集団の特徴を短期間に数多く収集できるため，労力，費用が少なく効率性に優れていますが，同一人物を追跡していないために各個人の言語力がどのように変化するかという連続性や過去の読書頻度がその後の言語力にどのような影響を及ぼしたのかという過去と現在との因果関係は把握することができません。

(2) 縦断研究

　縦断研究は個人や同一集団を一定期間継続的に追跡して，数年をかけてデータを収集し人の発達をとらえる方法をさします。たとえば，子どもの行動特徴，性格特性と親の養育態度について乳児期から数年おきに測定するとします。その場合，各個人の行動特徴や性格特性の発達的な変化は同一人物の変化として連続的に明らかになります。また，子どもが中学生になったときの問題行動が過去のどの時点から発生していたのか，乳児期，児童期の性格特性や親の養育態度とどのよ

うに関連しているのか（先行要因）といったことを調べることができます。縦断研究は発達の連続性や安定性を測定できる点で優れていますが，長期間にわたってデータを収集するための労力や費用の面での困難が大きくなります。

2. 発達の多側面を調べる研究方法

　発達に関わるさまざまな面（認知機能，社会性，人格など）を調べるために，いくつかの研究方法があります。

(1) 観察法

　観察法とは，人間や動物の行動を自然な状況や実験的な状況の下で観察，記録，分析し，行動の質的，量的特徴や行動の法則性を解明する方法（中澤，1997）です。観察法は研究法の基本であり，心理学，社会学，文化人類学，動物行動学など，さまざまな学問分野で用いられています。心理学では「自然観察法」と「実験観察法」があります。
①「**自然観察法**」　観察対象に人為的な操作を加えず，日常のままの自然な行動を観察することをいい，幼稚園での園児同士のやりとりや学校の教室での教師と児童生徒との対話など，保育や教育実践研究で主に用いられています。
②「**実験観察法**」　検証したい特定の環境要因を操作し，対象とする行動が生じるような環境を観察者の側で設定し，その中で生起する対象行動を観察することをいいます。たとえば，統制された条件下で，乳児に養育者との分離と再会を経験させ，乳児の反応を観察するといった愛着の個人差を検討したエインズワース（Ainsworth et al., 1978）による有名な観察実験があげられます（詳しくは，第2章参照）。

(2) 実験法

　実験法とは，入力刺激を統制するなど自然条件下よりも厳密に環境を整えて，対象者の反応を測定する方法（梶川，2016）です。全体に意図的な統制が加えられ，人為的に設定したもとで実験が行われます。実験条件と統制条件を設定することにより，刺激と反応の因果関係を追求することが可能になります。例としては，いくつかの図形を乳児に見せてその視線をビデオカメラで撮影し，乳児が図形を見てい

た注視時間を測定することで,乳児の好みの図形を明らかにする実験などがあります。

(3) 面接法

対象者と直接対面し,話し合い(面談)を通してデータを収集する方法です。話し合いの内容のみならず,表情やしぐさ,言葉の調子も重要なデータとなります。面接法は質的調査の代表的なやり方で,母集団の特徴を統計的に明らかにする手法(量的調査)とは異なり,個人の特徴をていねいにとらえることを目的としています。調査面接としては,仮説を得るための「仮説生成型」の面接と仮説を検証するための「仮説検証型」の面接があります。またどのような形式で行うかによって,以下のような3種類に分類できます。

①構造化面接:質問すべき項目,言い回し方や質問の流れがマニュアル化されているやり方。
②非構造化面接:調査の目標は定めますがマニュアルはなく,「○○について」といった質問を受けて自由会話で進めるやり方。
③半構造化面接:先の2つの折衷方式でおおまかな質問項目は用意しておくものの手順は厳密ではなく,対象者の話に沿って柔軟に質問を加えながら進めるやり方。

(4) 質問紙法

質問紙法とは,文(章)による質問が印刷された調査票(アンケート用紙)を配布して対象者に記入してもらう方法です。質問項目に対してあらかじめ設定された選択肢の中から回答を選ぶもの,また質問項目の内容に当てはまるか当てはまらないかといった自己評価をするもの,さらに質問事項に自由に文章を記述するものがあります。対象者の負担が少なく,多数のデータを一度に集められる効率のよい調査ですが,読み書きができる対象者しか調査に参加できないこと,さらに回答が対象者の自己報告によるため,虚偽の回答であったとしてもデータとして加えられてしまうといった短所があります。質問紙法は量的調査であり,収集したデータは統計的分析を用いて対象者の特徴を検討することになります。

(5) 事例研究

　事例研究とは，一例もしくは少数の事例を対象に観察，実験，面接を通して多面的，多角的に情報を収集することによって対象の個別性に焦点を当てる研究方法です。発達心理学の領域においては，発達のプロセスやメカニズムを明らかにするためのもの，もしくは実践的な場，特に臨床現場で個別性を重視した援助や介入，関わり方を追究したものがあげられます。

3. 発達状態の評価

　個人の発達の状態を測定し評価するための方法として，心理検査があります。心理検査は個人差を測定できるように開発されているため，基本的には標準化の手続きを経たものをさします。標準化とは，検査の課題内容と回答，検査の実施方法（検査時間，教示など），検査の手引き（マニュアル）などが明確に定められ，事前の調査によって基準集団（年齢や性別によって分けられたグループ）の得点分布といった基準となるデータが確定していることをいいます（子安，2011）。標準化することによって，検査における個人の得点が同年齢の集団内でどの位置に属しているのかがわかります。主な検査としては，個人の知能を測定する知能検査があげられ，この検査では基準集団の得点分布に基づいて個人の得点が知能指数（IQ: Intelligence Quotient）として計算されます（表1-2）。

　また類似の検査としては発達検査があげられ，特に乳幼児を対象として，個人の心身の発達，たとえば手足の動きや発語の具合，言語の理解などを測定し，標準化された指標と比較することで対象者の発達の程度を測定することができます（表1-2）。

▼表1-2　発達状態の評価方法

主な知能検査	主な発達検査
ウェクスラー式知能検査　　乳幼児用：WPPSI　　児童用：WISC　　成人用：WAIS	遠城寺式乳幼児分析的発達検査法
	新版K式発達検査
	乳幼児精神発達診断法
	KIDS乳幼児発達スケール
TK式田中ビネー知能検査　　　　　　　　　　　　　　など	など

いずれにしてもこれらの検査を実施することを通して，個人の知能や心身発達の遅滞の有無や程度，個人の得手不得手の領域を明らかにし，養育や療育に役立てることが目的です。

4節　発達心理学の展望：社会の要請に応える研究蓄積と動向

1. 発達心理学研究の実践知

　発達心理学の意義や特徴を述べてきましたが，はたして，発達心理学は社会の要請に応えられているでしょうか。発達心理学という学問はどのように私たちの生活に貢献できているのでしょうか。あるいは貢献しようとしているのでしょうか。本書は，発達心理学が私たちの社会に存在する仕事とどのような関係があるかに着目しています。発達心理学が実際にどのような職業種と結びつくのか，知られているようで知られていませんが，十分生活に活かせる学問，役立つ学問領域であることを紹介していきましょう。

　まず，「自分」についての理解を深めることができます。1～2歳の間に自己鏡映像を自分だと認識でき，第一次反抗期を迎え，「あれワンワン」と三項関係を成立させてコミュケーションを始めます。イメージ（表象）も獲得し，遊びで見立てやふり遊びなどができるようになります。2歳になり，自分の所有するものがわかるようになると，以前よりもけんかが多くなります。

　このようにどのように発達するかがわかると，人間をすばらしきものと思える感動や子どもの発達に温かい眼差しを向けることができます。山道にある一里塚のように，生きるうえで「有益な情報」を知ることができ，生活するうえでの安心感や意味を見出すことができます。同時に，他人の存在が認識できるようになり，自分と他人が異なる存在であること，そのために，相手の視点を取得することや共感することが協力して生きていくうえで重要なことに気づくようになります。

　次に，さまざまな年齢の人たちとの接し方やつきあい方を理解するようになります。発達プロセスでしばしば生じる，いじめや不登校といった問題行動に巻き込まれるのではといった不安にいたずらに振り回されることがなくなります。どの発達時期にどのような発達課題に

直面する可能性があるかを知ることによって，おおらかに構えることができるのです。むしろ，発達の定型的なプロセスを知ることで，子どもたちの育ちを楽しみに，その育ちを支援することができるようになります。

2．さまざまな職種に必要な発達心理学

　ここでは，発達時期を1つの軸にして，各発達時期と関連する仕事を紹介します。こうして概観すると，発達心理学が世の中にたいへん役立っていることに気づかされます。具体的な職種については，表1-3を見てください。

(1) 医療福祉現場

　胎児や乳児についての心理学は，医療や看護ではなくてはならないものです。「看護の対象がどのような過程で成長発達をしているのか」「現在はどの段階にいるのか」「より成熟するためにはどのような働きかけをしなくてはいけないのか」「どのようなことに気をつけなくてはいけないのか」といった健常者の理解なくしては，何が病気による症状なのか，どういった点が障害なのかに気づくことができません。看護や治療として目標にする発達課題が明確に定まってこそ，適切な支援ができるのです。

(2) 教育現場

　保育所，幼稚園，小学校，中学校，高等学校，大学といった学校に関わる職業にとって発達心理学は必要な学問です。各発達時期の特徴を知らずして，何が教育目標として最適なのか，何が問題なのかを理解することができないでしょう。どのような教育が望ましいかについての理解も深まります。生物的な成熟だけではなく，どのような働きかけや教育が，よりよく機能するのかを探っていくことになるでしょう。

(3) 司法の現場

　子どもたちが法を犯すのはなぜか。どのような対応が望ましいのか。ただ罰を与えるのではなく，子どもたちが改心し健やかに成長するこ

▼表1-3　発達心理学とつながる職種

現場	具体的な職種
医療福祉	医師，看護師，さまざまな療法士，遺伝カウンセラー，介護や福祉に携わる人　など
教育	幼稚園，保育所，子ども園，小学校，中学校，高等学校，大学における教員　など
司法	家庭裁判所調査官，児童相談所職員，児童自立支援施設専門員，少年鑑別所法務技官，少年院教員，弁護士，警察　など
臨床	スクールカウンセラー，発達センター職員，臨床心理士　など
キャリア形成	キャリアカウンセラー（モラトリアムの大学生への対応など），産業カウンセラー（働き始めても，適応できない人たちに対応など）　など
出版	出版社，通信教育，保健や福祉の情報雑誌を編集する人々　など

とを期待するにはどのような心理を理解し接していけばよいのか。常に，子どもたちの過去の過ちと，現在の力量をみながら，将来に期待して対応することが求められます。規則についての理解，規則を遵守することのできる態度やスキルを教え，正しい道へと背中を押す仕事です。

(4) 臨床の現場

　発達障害や精神障害などの問題に対応していくためには，定型の発達を知る必要があります。どういった特徴が障害なのかを理解することによって，どのようなところをどういう目標に向かって支援していけばよいのか，問題の対応が中心になります。近年，健康心理学の影響もあり，予防やその子のもっている特徴を資質（リソース）ととらえて伸ばしていこうとする開発の役割ももつようになりました。学校やその他の機関と連携して支援する役目をもちます。

(5) キャリア形成の場

　社会人になり，職場で働くことによって，自身で有用感や効力感や成長感をもつことは，生きていくための自尊心を支えるうえで重要です。自分で仕事をつかみ取っていくエネルギーがある人もいますが，目標が定まらず，自分のこともよくわからず，仕事を見つけられないで困っている人は少なくありません。社会を支える一員に成長できるようサポートが必要です。

（6）出版の世界

　親業で困っている人たちがたくさん存在しています。子どもの発達やしつけ，教育のあり方についての最新の情報を得たいと思っています。子ども向け情報の雑誌や書籍を通して，昔は大家族や地域のコミュニティの中で伝え継がれた子育ての仕方や，子どもたちの健康や栄養などがわかりやすく紹介されています。

3．発達心理学の課題

　このように発達心理学の知見は，社会から多大なニーズがありますが，こうした必要性に見合う研究や実践がなされているでしょうか。下記に示した課題がありますが，解決していくことが求められます。

（1）研究対象の協力と倫理の問題

　忙しい学校のカリキュラムの中で，研究協力を得ることが難しくなりました。同時に，個人情報の保護などから倫理的な審査が厳しくなりました。そのほか，研究する費用(バジェット)が必要です。しかし，これまで述べてきたような発達心理学の知見が社会に必要とされるからには，こうした課題を解決していく努力が求められます。研究者と実践者の信頼を強めてこそ可能になることだといえましょう。

（2）縦断研究の難しさ

　特定の人間を長年追う研究手法である縦断研究も，ライフスタイルが複雑になり環境の変化が大きくなっていることから，他の要因を統制した中での一定の発達をみていくことは難しくなっています。それでも，個人間の違いから発達をみていくだけでは見落としてしまいがちな，発達の連続性や他の要因との関連性などを見出すことができ，より多くの縦断研究が望まれます。

（3）成人以降の研究対象

　学校に通っている人たちの協力を得ることは比較的可能性は高いですが，社会人や高齢者を対象に研究することはやさしくありません。研究に参加する機会をもつことすら容易ではありません。最近は，ネットを利用した調査方法も開発されてきていますが，ネットにモニター

として登録している人は必ずしもその世代の代表というわけではありません。こうした課題を解決して，いろいろな生活をしている人たちの存在を常に念頭に置き，丹念に調査研究していくことが求められます。

(4) 研究者と実践者間の連携

個人の努力で研究されていることが多いですが，発達を体系的に明らかにするには職種を越えたコンサルテーションやコーディネーション，コラボレーションが大切です。今後，学際的に有意義な大規模の研究を目指すために，異なる職種を越えて組織化していくことが求められています。

(5) ネット世界の影響

インターネットの世界が進化するにつれ，子どもたちの世界が大人からはみえにくくなりました。たとえば，ネットいじめの実態もそこに参加観察できる術がありません。子どもたちが経験するそのライブの「現場」を知ることが難しくなりました。子どもたちの視点を通して，子どもたちがまさに経験しているその状況をいかに記述，説明し支援していくかを考えていかなければなりません。今後，より複雑になることが予想される世界だけに，多くの研究の蓄積が求められます。

現場の声 1

家庭裁判所調査官

● 家庭裁判所と家庭裁判所調査官について

"裁判所"と聞いて，皆さんは何を思い浮かべますか？「悪い人を裁くところ」や「裁判官がいるところ」など人それぞれあると思います。しかし，裁判所といっても，最高裁判所，高等裁判所，地方裁判所など，その種類はさまざまです。その中でも，家庭裁判所では，離婚や相続に関する家庭内の紛争（家事事件）および非行に及んだ少年の事件（少年事件）を専門的に扱います。家庭内の問題や少年の非行の問題には，人間の複雑な感情が絡み合っています。そのため，家庭裁判所は，単純に法律的に白黒をつければよいというわけではなく，紛争や非行の背後にある原因を探り，どうすれば，家庭内の問題が円満に解決されるのか，非行に及んだ少年が健全に更生できるのかを常に考え，解決を図ることが求められています。その役割を果たすために"家庭裁判所調査官"がいます。

家庭裁判所調査官は，心理学，社会学，社会福祉学，教育学という行動科学などの知識をもつ裁判所の職員（国家公務員）です。先に述べたような家庭裁判所の役割を果たすために，家庭裁判所調査官は，行動科学等の知識や技法による調査を行い，そのうえで，よりよい解決方法を提示することが求められています。

● 家庭裁判所調査官の仕事の流れと心理学

少年事件を例にとって，もう少し詳しく説明します。仕事の中でどうやって心理学が活かせるのか，その点もお伝えしたいと思います。下の図を見てください。

これは，少年事件の法的手続の流れを簡単に示した図です。審判の場で，少年の処遇を最終的に決定するのは裁判官です。裁判官が少年に最も適切な処遇を決定できるよう，行動科学などの知識を活かして裁判官に意見を

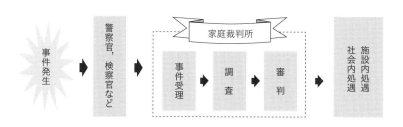

述べるのが家庭裁判所調査官の仕事です。

　家庭裁判所調査官の調査は主に面接によります。少年や保護者の言葉に耳を傾け，少年の心身の発達の問題や家庭や学校といった環境の問題を検討しながら，どうして非行に及んでしまったのか，立ち直りのためにはこれからどうしたらいいのかを一緒に考えていきます。このとき，たとえば1つの問題だけをとらえて非行の原因とするわけではなく，それぞれの問題がどのように関連しているのかを，多角的な視点から検討していきます。

　また，言葉での表現が苦手な少年であれば，ロールシャッハテストやバウムテストといった心理テストを，面接に加えて実施することもあります。

　その他，感情のコントロールが苦手な粗暴傾向のある少年に，自分の怒りの程度や状況を客観的に見る力を養わせ，怒りを自分で統制できるような力を学ばせるプログラムであるアンガーマネジメントを実施するなど，心理教育を実施したりすることもあります。発達心理学や社会心理学など，大学や大学院で学んだ知識を活かせる場面も多いですし，最新の知見を取り入れて職務に活かすことも多いです。学んだことが活かせる職種だと思います。

● 法律と家族・人・社会の架け橋

　今まで見てきたように，家庭裁判所調査官は，法律の世界にいながら，人の感情といった簡単に割り切れない部分に焦点を当て，最適な解決を探ります。つまり，家庭裁判所調査官は，法律と家族・人・社会の間を仲立ちする架け橋のような存在です。そのため，家庭裁判所調査官は，日々，家庭裁判所に訪れる人の悲しみや怒り，うまくいかない焦燥感などの感情に接しています。そういう意味では，たいへんな仕事かもしれません。しかし，そうした人々と向かい合い，話をしていく中で，その人が自ら問題を解決しようとする姿を目にし，人間の強さにふれることもあります。家庭裁判所調査官を題材にした小説や漫画，家庭裁判所調査官自身が執筆した書籍もたくさんあります。これをきっかけに，"家庭裁判所調査官"に興味をもっていただければと思います。

児童自立支援専門員

● 児童自立支援施設

　子どもの行動上の問題、とりわけ中学生の非行に関する問題に対応するのが、児童自立支援施設です。矯正施設ではなく、児童福祉施設に位置づけられます。入所対象は、不良行為を行った子どもだけでなく、虐待を受けるなど、家庭環境その他の環境上生活指導を要する子どもであり、児童相談所の措置あるいは家庭裁判所の保護処分によって入所します。

　入所した子どもに対しては、寮単位の小規模かつ家庭的ケアを行い、基本的生活習慣の確立や対人関係能力の向上を図りながら、おおむね1年半をめどに家庭復帰や就職などによる自立に向けた支援を実施します。

　入所する子どもの行動上の問題の背景には、多くのケースで虐待がみられます。見方を変えれば、虐待によって心に負った傷が行動上の問題という形で噴出したともいえます。生まれてから施設を転々として大人を信じられなくなった子どもや愛着障害と診断される子どももいます。

　このような子どもたちに、彼らと起居をともにする生活指導担当の児童自立支援専門員が中心となり、心理療法担当職員や施設内に設置された学校（分校や分教室）で義務教育を行う教員と連携して支援を実施しています。

● 児童自立支援専門員の仕事

　児童自立支援専門員の仕事は、子どもたちの起床のときから始まります。朝食を一緒に食べ、登校後は職員も授業に入って教員のサポートをし、体育活動や作業活動も一緒に行います。子どもたちが下校して寮に戻ってからは、集団生活という点を除けば家庭と大きく変わらず、夕食、入浴、学習、余暇という日常の生活を過ごして就寝するまでの間を支援します。もちろん、平穏な毎日が続くわけではなく、対人トラブルや行動上の問題が日常的に起きます。子どもたちは、頻繁に過度な要求をしたり、ルール違反を繰り返したりするなど、施設生活の中で職員の反応や対応を試すような行動をとります。また、対人関係のもち方がたいへん不得手なため、ちょっとした行き違いから子ども同士や職員とのトラブルに発展してしまいます。時には、子どもが施設から飛び出してしまうこともあります。職員は、普段から子どもの性格特性などに配慮するなど、細心の注意を払いながら支援にあたりつつ、こうしたトラブルや行動上の問題を契機として、彼らが自身の課題と向き合うよう支援を深めていきます。

● 心理学との関係

　児童自立支援施設では，子どもを支援する指針として一人ひとりに児童自立支援計画を作成します。これは，アセスメントをふまえ，ニーズを分析したうえで設定された目標や，目標を達成するための具体的な支援方法を記載した計画書です。アセスメントや目標設定においては，それぞれが適正に行われるためにも彼らの発達段階を正確に把握する必要があります。

　寮の運営にあたっては，集団規範を確立させることが大切です。この集団規範が「枠のある生活」の基盤となり，「枠のある生活」が子どもたちの健全な甘えや退行を表出させることにつながります。職員は，それを意識しながら彼らに寄り添うことにより，愛着関係の再形成を図ります。また，「枠のある生活」と職員が日々行う生活場面面接によって，子どもたちの自己認識，自己受容を促します。さらに，子どもが起こした失敗やトラブルへの対応として，ソーシャルスキル・トレーニング（SST）や認知行動療法の手法を活用した支援を行うなど，思いつきや行き当たりばったりにならないよう，心理学などの知識を活用した科学的な支援も取り入れています。これらの支援により，子どもたちは自分の課題と向き合い，対人関係能力やメタ認知能力を向上させていきます。

　なお，家庭背景も性格特性も異なる子どもが一緒に生活することになるため，画一的な支援には限界があります。子どもによっては，集団と異なる日課を特別に組むなどの個別の配慮が必要な場合もあります。しかしながら，個別の配慮に偏り過ぎると集団との調和が難しくなるのでバランスをとる必要があり，グループダイナミックス（集団力学）の視点をもつことが不可欠です。

　加えて，近年は発達障害を有する子どもの入所が増加しています。その多くが，保護者の対応がうまくいかず，子どもが不適応行動を起こしている二次障害のケースです。職員は，施設での子どもの成長を足がかりに，彼らの思いや希望，あるいは効果的な関わり方について，退所後を見据えて保護者に伝えていくという橋渡しのような役割を担う必要もあります。

　児童自立支援専門員は，時に子どもと対峙するエネルギーの必要な仕事ですが，彼らの「勉強の楽しさがわかるようになった」瞬間や「自分の課題を理解して成長できた」瞬間に立ち会える喜びを味わえます。また，心理学や関連学問領域の知識を有機的に関連させて，限られた時間の中で子どもたちの育ち直しを支援しながら，職員も成長できる仕事だと思っています。

出版社ライター

● 育児記事の構成は「発達心理学」に基づいている

　出版の仕事，それも育児関連の雑誌や書籍に心理学の学問的な知識が必要だと考える人は少ないでしょう。出版物は企画の内容と，原稿の出来不出来で売れ行きが変わってきます。幼児関連の出版物の場合，それを支えるのが発達心理学の専門的な知識です。新雑誌の創刊にあたって，編集者や記者は，まず乳幼児の発達の流れを学ぶことから始まります。筆者自身，発達心理学，幼児教育学を専門とする編集顧問に話を聞いたり，専門書を読んだりして「発達心理学ノート」を作り，企画や取材時のネタ本にしています。この仕事を始めたばかりの頃は，「学生時代に心理学を学んでおけば，もっといい原稿が書けただろうに」と悔やまれたものです。

　育児記事では，子どもの保護者が必要とするさまざまな情報を扱います。たとえば，

- ▶「赤ちゃんや幼児は，なぜあんなに泣くのか？」
- ▶「子どもの能力はどうしたら伸ばせるのか？」
- ▶「幼児期にいい子が，将来すばらしい人に育つわけではないのはなぜか？」
- ▶「感情のコントロール能力はどのように獲得されていくのか？」
- ▶「社会性のある大人に育てるにはどうしたらいいのか？」

　これらはほんの一例ですが，育児の疑問の大半のことは，発達心理学の研究の成果から導き出すことができるのです。

● 幼児誌は「乳幼児の心身の発達」を促すツール

　発達心理学は育児記事だけでなく，「乳幼児向けの雑誌」にとっても重要な学問です。子どもは年齢が小さければ小さいほど発達心理学の研究で明らかにされている「発達の道筋」にそって育っていくからです。例をみてみましょう。

- ▶赤ちゃんは「人の顔」が好き
　　ページいっぱいに赤ちゃんの笑顔や泣き顔を載せ，そこに，「にこにこ。わらってるね」「うぇーん，うぇーん。泣いてるね」などの言葉を添える。
- ▶赤ちゃんは「見えていたものが見えなくなる」ことに興味を示す

「いないいないばあ」的な遊びができるページ構成にする。
- ▶赤ちゃんは「模倣」が好き
  「バイバイ」や「いただきます」「おしっこシーシー」など，日常の行動をイラストで描き，言葉を添える。
- ▶赤ちゃんは「リズミカルな言葉が好き」
  ボールが転がって，水に落ちる絵に添えて「コロコロ，ポッチャン」。水道の蛇口から水が出ている絵に「ジャージャー」という言葉を添えるなど，擬音語や擬態語を多用する。

　たわいのない内容のように思えますが，幼児誌では，発達の側面から赤ちゃんが好きなものをピックアップして誌面構成し，親子の楽しいコミュニケーションツールにしてもらうことをねらいとしています。同時に，「今，赤ちゃんが興味を示すものは何か」という気づきを保護者に促し，日常の言葉かけや遊びに活かしてもらうことを目指しているのです。そして，幼児誌の最大の意義は，誌面のすべてが乳幼児の心身の発達を促す役割を担っているということです。

● 出版物制作にかかわらず，自身の子育ての強みになる

　今の学校生活の中では，子どもの発達について学ぶ機会はほとんどないといってもいいでしょう。核家族化や少子化が進み，わが子が誕生して初めて赤ちゃんに触れる人が増えています。育児のモデルや，子どもが成長していくプロセスを身近に見ることがないまま，多くの人が親になるのが現状です。

　赤ちゃんは「泣くのが仕事のようなもの」ですが，その泣き声をつらく感じてしまう母親が増えているといわれています。よその子と比べて，発達が遅い，食が細い，いたずらが激しい，かんしゃくを起こすなど，母親を悩ませるさまざまな困りごとが育児不安につながっている現実があります。

　それらを少しは解消してくれるのが，「子どもの発達の流れ」と「子どもの成長は一律ではなくそれぞれに個性がある」という発達心理学の基本的な知識です。

　学校で学んだ専門的な知識を，わが子の育児に反映できるのも発達心理学を専攻する大きなメリットだといえるでしょう。

第2章

胎児・乳児の心理学

活かせる分野

　赤ちゃんには心があるのでしょうか。まして，生まれてもいない胎児に心があるのでしょうか。養育者や妊婦などはもちろんのこと，胎児や乳児に関わる仕事をしている人々が一度はもつ疑問でしょう。
　本章では，そのような疑問にこたえる研究の一端を紹介したいと思います。

1節　はじめに

　歴史を紐解くと，かつては赤ちゃんに心があるとは考えられていませんでした。ここでの心とは，基本的には思考能力や知的能力，認知機能のことをさしますが，西洋圏の哲学者や教育思想家は乳児の心は真っ白で何も書き込まれていないと考えていましたし，わが国でも状況は似たようなものでした（森口，2014）。また，現代においても，赤ちゃんには心がないと考えている人は少なくなく，そのような誤解に基づいて，赤ちゃんに不利益となる発言をする人や不適切な行動をとる人もいます。確かに，一見すると生まれたばかりの赤ちゃんに心があるようは思えませんが，発達心理学は科学的な手法を用いて，赤ちゃんの心を探究してきました。まず，乳児の研究について概観し，その後に胎児の研究を紹介していきます。

2節　乳児の心の調べ方

1. 乳児の心の研究の始まり

　前述のように，過去には乳児に心があるとは考えられていませんでした。大きな理由の1つは，乳児の心を調べる方法がなかったことです。乳児は1日の多くの時間を寝て過ごしますし，起きていても泣いたり，栄養を摂取したりすることに多くの時間を費やします。表面的に乳児の様子を観察するだけでは，乳児に心があるように思えません。過去の哲学者や教育思想家は，じっくりと乳児の様子を観察することもなく，そのような乳児の印象をもとに，乳児の心について論じていたのでしょう。乳児が研究対象になってきたのは，19世紀中頃です。進化論を提唱したダーウィン（Darwin, C.）などが，自分の子どもを詳細に観察することによって，乳児の行動の発達を記述し始めました。20世紀初頭には，著名な発達心理学者であるピアジェ（Piaget, J.）がこちらも自分の3人の子どもを詳細に観察する中で，認識や知能の発達に関する理論を提唱しました。ただ，ピアジェも，やはり乳児においては心が十分に発達していると考えていなかったようです。

　乳児の心に関する研究が本格的に始まったのは，20世紀中盤です。この頃に，乳児の心を調べる実験的方法が考案されました。実験と観察の違いは重要です。実験とは，人為的に操作を加えることで，ある事象と別の事象の関係をとらえることです。理科の実験のように，いくつかの条件を設けて，条件によって異なった操作を加えることが一般的です。これに対して，観察は，対象の諸現象を生の形で記述しようとするものです。野生の動物の様子を記録したり，保育所での子どもの様子を記録したりすることが含まれます。実験には，対象の生の姿から離れてしまい，人工的かつ特殊な環境における対象の姿しかとらえられないという問題点があるものの，科学的な研究が可能であるという利点があります。さらに，観察が乳幼児の能力を低く評価していたのに対して，実験は，彼らのもつさまざまな能力を明らかにしてきたのです。

2. 乳児の視線を利用した実験

　最も広く使われている実験手法は，乳児の視線を利用したものです。生まれたばかりの新生児でも，起きている間は周りの環境にあるものをじっと見つめます。生後数か月もすれば，寝返りやハイハイはできずとも，自分の周りにあるものを見つめます。このように，運動能力が低い乳児においても，その視線は非常によく動くため，その視線から乳児が何を考えているのを理解しようという研究が進展しました。
　以下に，視線を用いる2つの方法を紹介しましょう。

(1) 選好注視法

　この手法では，2つの図形や画像を同時に提示し，乳児がどちらか一方を見つめるかを検討します。たとえば，母親の顔と，父親の顔の写真を並べて乳児の前に提示し，それらの画像から少し離れたところに乳児を座らせます。2つの画像のうち，長く見つめたほうの画像を乳児が好んだと解釈します。たとえば，母親の写真を長く見つめれば，父親よりも母親のほうを好んだと推測できます。非常に単純な方法なのですが，この方法から乳児のさまざまな能力が明らかになっています。

(2) 馴化－脱馴化法

　この方法では，乳児に1つの画像を繰り返し提示します。たとえば，ある女性アイドルの顔の画像を繰り返し提示します。乳児は新しいもの好きなので，その顔を見つめます。ところが，乳児はこの画像にすぐに飽きて見なくなります。こうなると一度画像を消し，再び同じ女性の顔を提示します。このようなことを繰り返すと，乳児はその画像をまったく見なくなります。このように乳児が飽きることを馴化といいます。次に，別の女性アイドルの顔画像を提示します。そうすると，乳児はその顔を見たことがないので，その顔を見つめます。このように，別の画像を提示して反応の回復を調べることを脱馴化といいます。このような研究結果から，乳児がある女性アイドルと別の女性アイドルを区別していることを示すことができます。時には，大人でも区別が難しい2つの画像でも，乳児は見分けることができます。

これ以外にも，乳児の知的能力を調べる方法はいくつもあります。詳細は省きますが，最近では乳児の脳活動を調べることもできるようになり，乳児のさまざまな能力が明らかになってきています。次節で，これまで明らかになっている，乳児の能力の一端を紹介しましょう。

3節　乳児の知覚・認知能力
1．乳児の知覚能力
　20世紀後半にかけて特に検討されてきたのが，乳児の知覚能力です。知覚能力とは，見る（視覚），聞く（聴覚），におう（嗅覚），味わう（味覚），触る（触覚）のような，五感に関わるような能力です。最も研究が進んでいるのが視覚です。視覚に関しては，乳児は目が見えないと考えられていました。今日でも，乳児に関わる仕事をしている人の中でも，そのように考えている人がいるようです。しかしながら，現在は，新生児の視力は極めて悪いものの，まったく見えていないわけではないことが明らかになりました。さらに，新生児の視覚は，約30センチ離れたところに焦点が合うようになっている可能性も示されています。新生児は，どの距離に焦点を合わせたらいいかを自分で調整できないのですが，実は，これにも重要な意味があるのかもしれません。というのも，抱っこされているときなど30センチ先にあるのはたいてい養育者などの他者の顔です。つまり，生まれた時点において養育者の顔を見るように赤ちゃんは生まれてくるのかもしれません。
　視覚以外の研究も進んでいます。聴覚については，胎児期から機能していることが繰り返し示されているので，5節の胎児期のところで詳しく説明します。ここでは，新生児期において比較的発達している感覚器官の1つだと述べるにとどめておきましょう。同様に，味覚についても，母親のお腹にいるときから機能していることが示されており，新生児期においては，甘い味を好むことなどが知られています。嗅覚も乳児期早期から機能しているようで，自分の母親の母乳の匂いのするパッドを好むことが報告されています。このように，それぞれの感覚についての研究が進展し，新生児であっても，それぞれの感覚能力が機能していることが明らかになりました。

2. 乳児の認知能力

(1) 他者理解の基礎となる能力

　しかし，これらの知覚能力についてはそれほど驚くべきことではないかもしれません。日常的に乳児に接していれば，乳児の視覚や聴覚が機能していることはうかがい知ることができます。発達心理学の研究が明らかにしたのは，より高次な知的能力が新生児や乳児に備わっていることです。その最も有名な例が，新生児模倣です（Meltzoff & Moore, 1977）。模倣とは，他者の行動を真似することです。私たちは，他者の行動を真似することで，さまざまなことを学ぶことができます。新しくサッカーを始める子どもは，他の子どもがボールを蹴る様子を観察し，その動きを真似することで，ボールを上手に蹴ることができるようになります。看護師でも，医師でも，もちろん研究者でも，先輩や指導者の行動を真似することで，専門家になります。この模倣能力は，私たちヒトという生物において特別に発達しています。「サル真似」という言葉がありますが，実はサルは他のサルの行動を模倣することが得意ではありません。ヒトに最も近いとされる霊長類のチンパンジーですら，他のチンパンジーの行動をそのまま模倣することができないのです。言い換えると，模倣能力は，ヒトに特別に備わった能力かもしれないのです。

　20世紀中盤までは，模倣能力は1～2歳頃で発達すると考えられていました。しかしながら，20世紀後半の研究によって，新生児が模倣する能力をもつ可能性が示されたのです。この研究では，新生児は実験者の舌を出す行動や口をあける行動などの4つのジェスチャーを提示されました。そして，ジェスチャー提示後の新生児の行動を分析したところ，実験者の舌出し行動提示後は，新生児は舌出し行動をしやすく，実験者の口をあける行動提示後には，新生児は口をあける行動をしやすいことが明らかになりました。非常に単純な行動ですが，新生児が模倣する能力をもつ可能性が示されたのです。この研究には批判や反論が多く，議論が未だになされているところですが，重要な研究であることは間違いありません。筆者の1人が自分の子どもが生まれた際に舌出し行動をしてみましたが，子どもは舌出しらしき行動をしてくれました。ただ，舌出し行動をしないときにも子どもは舌

出し行動をしていたので，はたして模倣といえるのかなと疑問に思ったものです。

　新生児模倣は，他者に対する反応です。つまり，他者を理解するための基礎となる能力といえます。新生児模倣以外にも，他者理解の基礎となる能力が乳児に存在している可能性が報告されています。たとえば，新生児は，他者の視線に対して敏感であることも示されています（Farroni et al., 2002）。ヒトにとって他者との視線のやりとり，とりわけ，アイコンタクトは重要な意味をもちます。あうんの呼吸という言葉がありますが，言葉を交わさずとも，視線のやりとりを通じてコミュニケーションをすることができます。それは養育者と乳児の関係においては特に大事なのです。ある研究では，コンピュータ・モニター上に，乳児のほうを見つめている顔と，乳児を見ておらず目をそらしている顔を提示したところ，乳児は自分のほうを見ている写真のほうを見つめました。乳児は，アイコンタクトできる他者を好むようです。

(2) 乳児に備わる認知機能

　このように，非常に早い時期から，乳児は他者に対する好みをもっているようです。一人で動くこともできない乳児にとって他者は重要な存在です。そのため，生まれてまもない時期から他者に反応する必要があったのでしょう。最近の研究は，このような乳児の他者に対する知識に加えて，物体や数，社会集団などに対して乳児が何らかの知識をもっていることを示しています（Spelke & Kinzler, 2007）。たとえば，数については，乳児が単純な計算は可能なことが示されています（Wynn, 1992）。ある研究は，乳児が1たす1が2になることを理解しているかを調べました。

　　【研究記録　1たす1は…？】
　　　この研究では，乳児は一連の劇を見せられ，その際の乳児の行動が記録されました（図2-1）。
　　　まず，台が用意され，その上に対象物が1つ置かれます。その後，スクリーンで，台と対象物が隠されます。この時点では，スクリーンの後ろには対象物が1つあります。次に，そのままの状態で，対

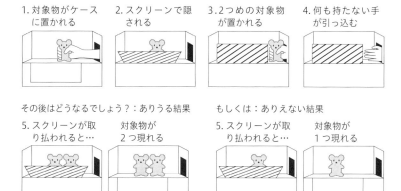

▲図2-1　乳児の足し算実験（Wynn, 1992をもとに作成）

象物がもう1つ置かれます。この時点では，スクリーンの後ろに対象物が2つあります。この様子を見せられた後，乳児にテストが与えられます。テストではスクリーンが取り払われるのですが，そこには対象物が1つしかありません（図2-1，右下参照）。つまり，1たす1が1になっており，不思議なことが起こっています。もし乳児が1たす1が2になることを理解しているのであれば，テストに驚くはずです。この実験の結果，生後5か月の乳児は1たす1が1になるテストに驚きました。一方，1たす1が2になるテストには驚かなかったのです。

　この研究が発表された当時は，計算ができるようになるのは幼児期から児童期にかけてだと考えられていたので，この実験結果は衝撃的でした。ただし，この実験結果にもさまざまな疑問や批判が寄せられており，これだけの実験結果から，本当に乳児に計算能力があるといえるのかは未だ議論が続いています。

　社会集団については，たとえば人種や言語グループのように，自分の所属する集団を，別の集団よりも好む傾向のことをさします。人種や言語の問題は，わが国ではなじみがないかもしれませんが，方言などに置き換えるとわかりやすいかもしれません。東京方言の話者にとって，大阪方言の話者は別の社会集団であり，東京方言の話者をより好むことがあるかもしれません。また，九州出身の人にとっては，

関東出身の人よりも，九州出身の人に親近感を覚えることがあるでしょう。同様の傾向が乳児にもあるようです。たとえば，西洋の乳児は，アジア人の大人の顔よりも，自分と同じ西洋の大人の顔を好んで見つめます（Kelly et al., 2005）。さらに，方言に対する好みも示されており，関西育ちの乳児は，関東方言話者よりも，関西方言話者を好むことも示されています（奥村ら，2014）。

このように，生後数か月の乳児であっても，さまざまな知識や能力があることが示されています。もちろん，大人と同様の知識や能力をもっているわけではありませんが，乳児は以前考えられていたよりも豊かな心の世界をもっているようです。

4節　乳児期の愛着

次に，愛着についてみていきましょう。この概念は，乳児自身の心の特性というよりは，乳児と他者との関係性をさすものです。愛着とは，アタッチメントという英語の日本語訳です。この言葉は少し誤解を招きやすいかもしれません。筆者らが大学のレポートやテストなどで，「愛着の形成を説明しなさい」という問題を出すと，学生は自分の所有する車への愛着を延々と述べたりするのですが，そういう意味での愛着ではありません。愛着の定義は，子どもが危機的な状況に際して，養育者など特定の対象との近接を求め維持しようとし，それによって安心感を確保しようとする傾向です。初めて聞く人にとってはとっつきにくいところもあると思うのですが，単純化すると他者との情緒的結びつきという意味です。この概念の特徴は，「危機的な状況に際して」というところかもしれません。たとえば，怖い思いをした子どもは養育者に抱きしめられることによって安心感を得ようとします。このような他者とのやりとりを繰り返し，経験することで形成される情緒的な結びつきのことを愛着と呼びます。

1. 養育者と子どもの結びつき

歴史的にみると，養育者と子の結びつきは，養育者が子どもに栄養を与えることによって形成されると考えられてきました。生後まもない乳児は，自分の力だけで食事を得ることはできません。養育者の助

けが必要なのです。そのため，授乳を通した栄養補給こそが最も重要な養育者の務めだと考えられていた時代がありました。無論，栄養補給が重要なのは間違いありませんが，養育者と子の結びつきを形成するうえでより重要なのは，両者の身体的接触そのものであることがサルの研究から明らかになっています。ある実験では，生まれた後に母ザルと引き離された幼いサルに，2つの母親代わりの対象を提示しました（Blum, 2011/2014）。1つは，針金で作った物体に哺乳瓶を取り付けたものです。これは，栄養補給こそ最も重要な養育者の務めだとする考えに基づいたものです。もう1つは毛布を段ボールにくくりつけた対象です。これは，毛布があるため，温もりを感じることができます。この実験の結果，子ザルたちは，数日後には毛布製の対象にくっつくようになりました。つまり，生まれたばかりのサルにとって重要だったのは，温もりを与えてくれる存在だったのです。このような研究から，親子間の情愛的な絆には，接触が重要であると考えられるようになりました。

　このようなサルの研究に基づき，ボウルビイ（Bowlby, J.）という研究者はヒトの愛着形成の理論を構築しました（詳しくは，数井・遠藤，2005参照）。ヒトの愛着形成においては，乳幼児が出すシグナルが重要だと考えられています。新生児であっても，泣いたり，他者を見つめたりすることができます。これらのサインは，周りにいる大人に，多くの場合は養育者に，受け取られます（篠原，2013）。これらのサインを受け取った大人には，情緒的な反応が生起します。泣いている赤ちゃんを見た大人が，その赤ちゃんを放っておくことはありません。赤ちゃんが泣いていたら抱っこするなどして，赤ちゃんの不快な感情を取り除こうとするでしょう。このように，赤ちゃんが泣いたり笑ったりすると，大人がそれらの行動に対して，何らかの関わりをします。その大人の関わりに対して赤ちゃんがさらに反応を返すことで，大人と赤ちゃんのやりとりが積み重なっていきます。赤ちゃんにとって，いつも応答してくれる養育者が，特別な存在になっていくのです。

2. 愛着研究における親子関係の質

　親子関係と一言でいっても，実際にはさまざまな様相があります。

あまり接触しないような親子もいれば，密着しすぎて離れられない親子もいるでしょう。極端な場合になると，暴力やネグレクトなどによって親子関係に深刻な問題が生じている場合もありますし，精神医学では愛着障害という区分もあるくらいです。親子関係の質が子どもの後の人生のすべてを決めるわけではありませんが，認知，情動，社会性の発達に大きな影響を与えることは繰り返し示されています。愛着研究においては，親子の関係の質の個人差が重要視されます。深刻な親子関係の問題ということでなくとも，それぞれの親子関係の特徴を調べる研究が多く行われてきました。愛着関係の個人差を調べるための最も有名なテストが，以下で紹介するストレンジ・シチュエーション法といわれるものです（Ainsworth et al., 1978）。

【ストレンジ・シチュエーション法】
　この方法では，養育者，子ども，および，見知らぬ人(ストレンジャー)の三者が参加します。養育者は母親に限っているわけではありませんが，これまでの研究はほぼ母親と子どもの関係を扱っているので，以下では母親を例として話を進めます。この方法は，単純化すると次のような手続きで進められます（詳しくは，図2-2参照）。
　乳児と母親が2人で遊んでいる部屋にストレンジャーが部屋に入ってきます。子どもにとって見知らぬ人なので，当然不安になります。その後，母親が部屋から退出し，ストレンジャーと乳児が2人にされます。乳児にとってはつらい手続きですが，母親が部屋から退出する際に乳児がどのような行動をするかが記録されます。一定時間経過後，母親が部屋に戻ってくるのですが，この際の乳児の行動も記録されます。

　母親の退出時，つまり，母子分離時と，養育者の入室時，つまり母子再会時の子どもの行動を記録するのですが，子どもによってその行動には大きな個人差があります。このような個人差から，乳児と母親との愛着関係のタイプを分類します。
　このテストでは，愛着関係を以下の4つのタイプに分類します。
①回避型　母子分離時に特に戸惑うことはなく，母親と再会した際にも安心したり喜んだりする行動をみせることはありません。つまり，全般的に，母親を回避しているように見えます。このタイプは，日常

① 実験者が母子を室内に案内,母親は子どもを抱いて入室。実験者は母親に子どもを降ろす位置を指示して退室。(30秒)

⑤ 1回目の母子再会。母親が入室。ストレンジャーは退室。(3分)

② 母親は椅子にすわり,子どもはオモチャで遊んでいる。(3分)

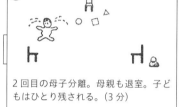
⑥ 2回目の母子分離。母親も退室。子どもはひとり残される。(3分)

③ ストレンジャーが入室。母親とストレンジャーはそれぞれの椅子にすわる。(3分)

⑦ ストレンジャーが入室。子どもを慰める。(3分)

④ 1回目の母子分離。母親は退室。ストレンジャーは遊んでいる子どもにやや近づき,はたらきかける。(3分)

⑧ 2回目の母子再会。母親が入室しストレンジャーは退室。(3分)

▲図2-2 ストレンジ・シチュエーション法 (繁多,1987)

的に母親が乳児に対して拒否的であり,乳児が泣いたり笑ったりしてもそれらに反応することが少ないのではないかと考えられます。

②**安定型** 母子分離時には戸惑いますが,再会時には,最初は少し泣くものの,母親に慰められると落ち着きを取り戻します。これは安定した母子関係を反映しています。日常的に,母親が乳児の行動に対し

てしっかりと反応していると考えられます。

③アンビバレント（両価）型　母親に対して複雑な感情を示します。母子分離時には非常に強い戸惑いや泣きを示し，再会時には母親に慰められてもなかなか落ち着きません。母親に，激しい怒りを示すこともあります。日常における母親の反応が一貫しておらず，乳児のサインに合わせた対応ではないため，乳児が困惑するのだと考えられています。

④無秩序・無方向型　他の3つのタイプの乳児は何らかの秩序だった行動を示すのですが，この無秩序型の乳児の行動には秩序がありません。母子分離時も再会時にも，一見するとどうしたいのかわからないようなふるまいを見せることがあります。母親がうつ病などの精神疾患をわずらっていたり，虐待をしたりしている場合に子どもはこの型に分類されやすいことが報告されています。ただし，リスクのない一般的な親子にも一定の割合でこのタイプは見られます。そして，他の型と比べて，この型の乳児は，その後の認知，情動，社会性の発達にさまざまなリスクがあります。この型の場合は，何らかの支援が必要となります。特に，母親の行動に介入するさまざまなペアレント・トレーニングなどが提案されています。

　本節では，乳児と母親の愛着関係についてみてきました。最後に少しふれておきたいのは，母親は子どもにとって重要な存在ですが，母親だけが重要というわけではないということです。父親や祖父母などのように，養育に関わる大人であれば愛着関係を形成する対象になることができます。さらに，子どもは，家族だけではなく，保育者や教師との間にも愛着関係を形成します。上記のストレンジ・シチュエーション法でも，「母子間」の愛着タイプとは別に「父子間」や「保育者−子ども間」の愛着タイプを測定することができます。そして，それらの各愛着のタイプは相互に独立していると考えられます。注目したいのは，仮に養育者との関係に問題があっても，保育者や教師との関係が安定すれば，子どもの発達は支えられることです。わが国では，子どもとの関係についてはどうしても母親偏重の傾向があり，多くの役割が母親に期待されてしまいますが，母親以外の他者も重要な役割を果たすという点は強調しておきたいと思います。

5節　胎内記憶

　さて，これまでに，新生児期や乳児期における知的能力や認知能力，愛着についてみてきました。これらの研究結果ですら驚くべきものですが，近年はさらに早い時期，つまり，胎児を対象にした研究が進展しています。本章では，一般的にもなじみがあると考えられる，胎内記憶から話を始めましょう。

　胎内記憶には大きく2つの種類があります。一方は科学的根拠があるものであり，もう一方は科学的根拠がないものです。そして，一般的に広がっている胎内記憶は，後者です。そのため，後者についてまず考えてみましょう。

1. 科学根拠がない胎内記憶

　この手の話題は一時期メディアを賑わしたことがあります。子どもがお母さんのおなかの中のことを覚えているという話です。たとえば，ある子どもは「お母さんのおなかの中は温かった」と話し，別の子どもは「お母さんのおなかの中を泳いでいた」と話すそうです。また，生まれてくるときのことを克明に語る子どもも報告されています。このような逸話は，どれだけ集めても逸話に過ぎないのですが，これを胎内記憶がある証拠だとする人もいます。

　子どもがこういう話をするというエピソードとしてとらえるのであれば，親子間のコミュニケーションという点で問題ないのですが，科学的な研究という視点からするとこの手の子どもの言語報告を信頼することはできません。この胎内記憶の最大の問題点は，胎児期の記憶を，子どもが言葉を話せるようになってから話すという点にあります。詳細は省きますが，現在の記憶研究から，言語を話すようになる前の記憶システムと，言語を話し始めた後の記憶システムは別のものである可能性が示されています（Simcock & Hayne, 2002）。つまり，言語を話す前に記憶した胎児期の記憶を，言語的に思い出し，語ることは極めて難しいということです。さらに，5歳頃までの子どもは，周りの大人などの作り話をたやすく信じてしまう傾向があることが示されています。つまり，養育者や周りの大人が聞かせたエピソードを子どもなりに消化して再現したり，質問者が誘導尋問したり，都合よく

解釈したりしているだけの可能性が極めて高いと考えられます。この手の調査では,「親は子どもにそんな話を聞かせたことがない(だから,子どもは自分の記憶を話しているに違いない)」という点を強調しますが,子どもの情報源は養育者だけではないことは言うまでもありません。この意味での胎内記憶は,少なくとも現時点において,科学的な根拠をまったくもっていません。

2. 胎児期の感覚記憶

　しかしながら,だからといって,胎児期にまったく記憶システムが機能していないわけではありません。重要なのは,記憶にもいくつかの種類があり,胎児には,あるタイプの記憶は存在するが,別のタイプの記憶は存在しないという区別をすることです。具体的には,胎児期に言語的な記憶はありませんが,感覚的な記憶が存在することは広く知られています。最も有名な例は,聴覚的な記憶能力です。一般に,胎児に外界の声が聞こえているかどうかは,妊婦やその関係者にとっては非常に興味のあるテーマでしょう。妊娠期の母親や父親が胎児に対して話しかけるのは一般的に見られる光景ですし,そのことを推奨する医療機関もあります。胎児期の聴覚記憶は,胎児そのものではなく,新生児の研究から推定されました。たとえば,新生児は,生まれてから初めて聞く物語よりも,生まれる前から母親が音読していた物語のほうを好みます (DeCasper et al., 1994)。この結果は,胎児の聴覚が機能しており,胎児期に聞いた母親の声や物語のある側面を記憶している可能性を示しています。ただし,母親の声のどの側面を記憶しているかについては十分にわかっていません。

　また,胎児には味覚の記憶力が備わっている可能性が示されています。特に,母親の食習慣が影響することが示されています。アルコールのような極端なものはもちろんのこと,母親が毎日カレーばかり食べていたら,胎児もカレーを好むようになるかもしれません。そのようなことを考えさせる研究があります。

　　【母親の食習慣が胎児に影響するかどうかの研究】
　　　この実験では,カレーではなく,キャロットジュースが用いられました (Mennella et al., 2001)。妊娠中の母親が,出産前に一定

量のキャロットジュースを飲み,出産後はキャロットジュースを飲まないように指示されました。母親がこのような食習慣を続け,出産したのちに,乳児がキャロットジュースを好むかどうかが調べられました。ただ,これだけでは,乳児がキャロットジュースを好むかどうかを調べる実験になってしまいますので,このような条件と,出産前に母親がキャロットジュースを飲まない条件とを比較しました。その結果,出産前にキャロットジュースを飲む習慣があった母親の子どもは,そのような習慣がなかった母親の子どもよりも,キャロットジュースを好むことが示されました。

つまり,胎児期における母親の食習慣が胎児の味覚経験に影響を与え,出産後にもその経験を胎児が覚えていたということになります。胎児には味覚の記憶があるようです。このことは,母親の食習慣が子どもの味覚形成に胎児期から影響を及ぼすことを示しています。

6節　胎児の痛み

次に,胎児の心の世界の例として,痛みの知覚について取り上げておきましょう。一般的には,胎児が痛みを感じることなどないと思われるかもしれません。羊水の中に浮かんでいる胎児が物理的な刺激を受けることはそれほどないように思えますし,彼らが痛みを感じる神経回路を発達させる機会もないように思えます。そのため,今でも胎児は痛みを感じるはずがないと考えている人は少なくありません。しかしながら,最近の研究から,この考えは誤っていることが明らかになりつつあります。

痛みの主観性について

痛みというものは,かなり主観的なものです。虫歯を治療するために同じ歯医者に行っても,ある人はまったく痛くないと報告し,別の人は死ぬほど痛かったと報告します。もちろん,虫歯の程度によっても異なりますが,同じような物理的刺激に対する主観的な痛み経験は,必ずしも同じではありません。このような主観性という点からも,痛みの研究は関心をもたれています。

1. 痛みの神経科学

　痛みの研究は、近年の神経科学において、極めて重要なトピックです。たとえば、ケガなどのように物理的に痛みを感じる際には、前部帯状回という脳領域が活動するのですが、興味深いことに、この脳領域は「心の痛み」のときにも活動することが知られています(Eisenberger et al., 2003)。成人を対象にした研究では、失恋した相手の顔を見た際や、仲間外れにされた際には、この脳領域が活動することが報告されています。心の痛みという言葉は言い得て妙なわけです。また、共感という観点からも痛みの研究は重要です。自分自身が痛みの経験をしたときに活動する脳領域は、他者が痛みを経験している様子を見ることでも活動します。他者が包丁で手を切ってしまっている様子の写真や、手足をドアに挟んでしまった様子の写真を見ると、前部帯状回などの脳領域が活動します。

2. 胎児期の痛み研究

　少し話がそれてしまいましたが、このように痛みの研究に関する関心は高まっています。そして、胎児期の痛み研究もまた、現在急速に関心が高まっています。その理由の1つとして、近年の周産期医療の進展があります。これらの進展により、以前は助けることが難しかった早産児（妊娠37週以前の出生児）も助けることができるようになりました。ただ、早産児にはさまざまなケアが必要であり、その中には血液の採取などのように痛みをともなうものもあります。早産児が痛みを知覚するのか否かという点は、周産期医療という観点からも極めて重要です。

　では、胎児は痛みを感じているのでしょうか。痛みは主観的なものなので本当に痛みを感じているかを明らかにするのは難しいのですが、多くの場合、痛みには外から観察可能な何らかの反応をともないます。子どもであれば、顔の表情を変化させたり、腕を動かしたり、泣いたりするでしょう。ただし、表情の変化や体の動きは痛みに限ったものではないので、痛みの指標として用いることができるかは不明です。泣きに関しては、痛みに特徴的な泣きがあることが示されています。他にも、心拍などの生理学的指標や脳活動の有効性が示されて

おり，これらを組み合わせて早産児が痛みを感じているか評価する必要がありそうです。

未だ議論は続くところですが，近年は在胎20週以降に胎児は痛みを知覚し始めているのではないかと考えられています。たとえば，脳活動を調べた研究では，早産児のかかとを刺激すると，25週程度で産まれた早産児が触覚と関連する体性感覚野を活動させることが報告されています（Slater et al., 2006）。あくまで何らかの刺激が接触したことを知覚していることの証拠にしかすぎませんが，痛みの前提となる触覚はこの頃には機能し始めているようです。また，表情を調べた研究では，受胎28週頃に生まれた早産児は痛そうな表情をすることが示されています（Craig et al., 1993）。さらに，このような胎児もしくは早産児における痛み知覚の研究を受けて，より実践に活かそうとする研究も始まっています。たとえば，ある研究では，養育者と肌と肌を接触させることによって，早産児の痛みを低減させることができる可能性を示しています（Kostandy et al., 2013）。

本章で紹介してきた聴覚や痛みに限らず，これまでの研究は早産児を対象にした研究が中心になっており，出生した早産児と，羊水に浮かんでいる胎児を同一視してよいかが疑問視されています。ですが，近年胎児の研究は著しく進展しており，胎児を対象にした研究も出てきました。たとえば，4次元超音波画像診断装置という方法を用いると，以前の方法より鮮明に胎児の姿がとらえられ，胎児の表情なども

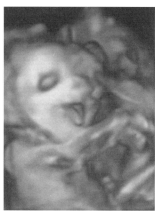

▲図2-3　胎児の様子

観察できます（図 2-3）。今後このような方法を用いて，より直接的な胎児の研究が可能になってくると考えられます。

7節　おわりに

　本章では，乳児期や胎児期における知的能力や認知機能についてみてきました。胎児期については，執筆時点においても，胎児の行動を直接検討するのは容易ではないため，早産児を対象にした研究を中心にみてきました。以前はほとんど白紙だと考えられていた乳児や胎児の心が，現在では非常に豊かなものであることが理解してもらえたのではないでしょうか。しかしながら，まだまだ研究は十分ではありませんし，今後さらなる胎児や乳児の能力が明らかになる可能性もあります。今後の研究の進展に注目してもらえればと思います。

看護師

現場の声 4

● 心と身体の関係

　皆さんは，心と身体の関係について考えたことはありますか？　心と身体は，それぞれ独立していてまったく別のものでしょうか。実は，そうではありません。心と身体は，とても密接な関係にあります。

　たとえば，緊張したときのことを思い出してください。胸がドキドキしたり，耳がカーッと熱くなる，冷や汗が出る，なんていう経験をしたことがある人も多いのではないでしょうか。このように，心の状態の変化は身体の状態にも影響を及ぼします。逆に，頭やお腹が痛くて気分が沈んでくるというように，身体の状態の変化が心の状態にも影響を及ぼします。つまり心と身体は，それぞれがお互いに影響し合う関係なのです。

● 看護の仕事とは

　一般的には看護師の仕事というと，患者さんに注射をしたり，包帯を巻いたり，身体に対するケアや処置を行うことと考えられているかもしれません。しかし看護師にとって，身体のケアと同じくらい，心に対するケアが大切な仕事であると思います。

　看護師と患者さんが出会うのは，多くの場合，患者さんが何かしらの病気やけがを抱え，これからそれを治していこうというタイミングです。特に，病院の入院病棟では比較的病状が重い人も多く，患者さんたちの心の中は，症状がいつまで続くのか，治療はうまくいくのか，本当に自分は良くなるのか，不安でいっぱいです。そうした気持ちの休まらない状態が続くと，眠りが浅くなったり，痛みや苦痛ばかりに意識が向いて，心も身体も疲弊してしまうことにつながりかねません。そんなとき，入院生活において患者さんの一番身近にいる存在として，心のケアができるのが看護師です。

　看護師が，患者さんの心のケアのためにすることの1つに，傾聴があります。傾聴とは，相手が伝えたいことを，受容的・共感的な態度で真摯に聴くことです。皆さんも辛いことがあったとき，その苦しい気持ちを誰かに聴いてもらっただけで，気持ちが楽になった経験はありませんか。家族や身近な人であるほど，患者さんのことを思うあまり，励まして元気づけようとしたり，何かアドバイスをしたくなってしまうものです。しかし，ただでさえ心身が疲弊している患者さんにとって，励ましや忠告は，余計に生命力を消耗させることにつながりかねません。看護師は，患者さんの「不安だ」「治療が辛い」という話を，遮(さえぎ)ったり否定することなく，ありのまま受け止めて聴くことで，少しでも苦痛を和らげるお手伝いをしていま

す。筆者も患者さんのベッドサイドで，将来に対する不安，医師や家族には言えない本音を，幾度も聴きました。一番身近にいる看護師だからこそ，患者さんにとって話しかけやすい存在でいられるのかもしれません。それゆえに，小さな変化にも気がつくことができ，患者さんの心にふれ，ケアをすることができるのだと思います。

● 看護の魅力

　筆者は現在，看護師養成校で勤務しています。養成校で看護師の卵たちが学ぶことは，人体の構造や病気の知識，注射の技術など，身体的なケアに関わることだけではありません。先ほど紹介した傾聴の技術をはじめとした，患者さんとのコミュニケーションに関する教育は近年重要視されてきており，心と身体両方のケアができる看護師の養成が求められています。

　身体のケアは，結果が目に見えてわかりやすく，他者からも評価されやすいかもしれません。一方，心のケアは，日常のあいさつや何気ないやりとりを通して，見えないところでじわじわと効いていくものです。一見効果がわかりづらいようですが，退院する患者さんの清々しい笑顔を見，心からの「ありがとう」の言葉をもらうときは，それまで積み重ねてきたケアが最高に報われる瞬間です。さまざまな苦しみを抱えた患者さんが，心も身体も元気になっていく姿をすぐそばで見られることは，看護師にとって，何物にも代えがたいやりがいなのです。

保健師

● 保健師の資格と業務の法規定

保健師とは，厚生労働大臣の免許を受けて，保健師の名称を用いて，保健指導に従事することを業とする者をいい（保健師助産師看護師法第2条），医師，歯科医師，薬剤師に続く，国民の医療を担当する職種です。看護師，助産師とまとめて看護職と呼ぶこともあり，保健師助産師看護師法において，免許，国家試験，業務が定められています。平成18年の法改正で，保健師の免許は，保健師国家試験合格に加え，看護師国家試験合格が必要となりました。

保健師の仕事の内容は，保健師助産師看護師法第2条では保健指導に従事することとなりますが，健康相談，健康教育，健康診査，家庭訪問として提供されます。人々が疾病・障害の治療や予防するセルフケア（自立的な問題解決）能力を高めるための支援です。治らない疾病・障害をもちながらの健康生活の質を上げるための支援もします。これを一定の地域を担当して，その地域住民全体のQOL（Quality of Life：生活の質）向上のための地区活動として展開します。保健師の支援の対象は，受け持ち地区全住民となります。妊娠出産前から乳幼児，学童，成人，高齢者の全ライフサイクルの課題に対応します。また健康の保持・増進の指導から治療回復も含み，対象本人・家族のセルフケア行動を支援することをねらいとしています。

● 保健師の対人支援展開方法

保健師が従事するとされる保健指導ですが，「指導」とあっても「目的に向かって教えみちびく」ものではありません。保健師が健康生活の援助のために用いる方法の総称ととらえます。人々の健康生活上の援助者としての役割を担い，人々に健康生活上の知識・技術を伝える，助言することなど，時には「教えみちびく」こともありますが，相手の話を受け止める（傾聴・受容），共感するなどの相談的な対応と組み合わせて，人々への健康生活上の援助を提供します。

保健師の受け持ち地区住民の中には，援助を求められない人々（自ら求めない・できないという人々）もいます。そういった地域社会において援助を求められない人々を見出し，その人々の援助ニーズを明らかにして対応すること，また，そのような人々を見出す方法を工夫し開発することから，保健師が担うべき社会的な問題解決過程が始まります。

以上のような仕事をしているので，発達心理学は保健師にとって非常に

重要な素養となります。しかし保健師自身は，心理学の何かを直接提供することはしません。保健師には，「最初に持ち込まれ，また日常的な関わりで気づき対応したその人の課題を，より専門的な職種へつなぐ」という，他職種連携の原則があります。たとえば，母子保健法で定める1歳6か月児健康診査や3歳児健康診査に，2001年度から心理相談員が加配スタッフとして配置されるようになりました。従来，健康診査の場で気になった親子，育児不安を抱えていると思われる親には，診査後，心理の専門職種に関わってもらうように働きかけてきましたが，スクリーニングの場にも心理相談員が配置されたことで，より早い時期に連携がなされ，育児支援対策の強化へとつながりました。母子保健でのこの政策的成果が，成人・高齢者における自殺予防・うつ対策などにも適用されていくことが期待されています。

● 地域住民集団への働きかけ方法

　保健師は，看護の働きかけの対象を本人・家族，地域社会全住民におき，人々の健康生活上の課題に対応していきます。そのために保健師は，地方自治体の職員として7割以上の者が行政機関に所属しています。したがって，保健事業の企画など，政策立案・決定にも関わります。それは国家施策として決められた制度，保健医療福祉サービスのみを従順に地域住民に提供するものではありません。日々の地区活動で住民特性・地域特性を把握しているので，それに見合うよう課題をとらえ直し，地域住民に受け入れられやすい形に修正して実施します。また逆に，受け持ち地域の課題にも見合うような国家施策を企画・立案してもらうために，住民ニーズをボトムアップで市町村，都道府県，国に伝えるという動きもします。しかし保健師の基本姿勢は，1対1の二者関係を基盤にして，その人本人・家族の生活，地域生活をとらえるところにあります。そのあたり保健事業・施策化の動きとのバランスが難しいところです。人的・時間的な制約があるからです。ただ保健師にも二者関係が得意な人，保健事業・施策化が得意な人，それぞれいます。筆者は1人で抱えずに，小さなことも仲間の保健師に相談して，知恵をいただくなど助けをもらいながら，受け持ち地区住民への支援や担当業務にあたっていました。

遺伝カウンセラー

● 遺伝の意味するもの

「遺伝」と聞くとどんなことを思い浮かべますか。理系科目が得意な人は「メンデル」とか，「豆の色と形」を思い浮かべるかもしれません。「うちはがんの家系だから，がんの体質が遺伝したのかもね。」と家族が言っていたのを思い出した人もいるかもしれません。遺伝カウンセリングでは科学的な側面から見た遺伝と，それに関わる心配や不安の両方を扱っています。

近年，私たちの体の設計図である「遺伝子」やその入れ物である「染色体」の研究が進み，さまざまな体質と遺伝子，染色体の関係が明らかになってきました。医療の現場では，体の設計図レベルでどのような変化が起きているのかを調べる遺伝学的検査の出番も以前に比べて多くなってきています。一方で遺伝情報は一生変化することのない私たちの究極の個人情報であり，その一部を血縁者と共有しているため，その扱いには注意が必要です。

病院での一般的な検査と比べて，自分自身の人生への影響，血のつながった家族への影響を考える場面が多い遺伝医療の領域で，遺伝カウンセラーは，医療職と協力しながら，しかし彼らとは違った立場からクライエントの意思決定を支援するという役割を担っています。遺伝"カウンセラー"というと心理カウンセラーと混同されて心理的問題を抱えているクライエントの支援をする人と思われがちですが，来談するクライエント全員がいわゆる"心理的な問題"を抱えているわけではありません。その点でも心理カウンセラーとは異なった役割をもっています。

● 遺伝カウンセラーとしての仕事

筆者が遺伝カウンセラーとして働いているこども病院には，小さな頃から検査や治療が必要なお子さんとその家族がやってきます。特に生まれつきの体質で赤ちゃんの頃から治療が必要なお子さんの中には，体の設計図レベルでの変化が体質に影響しているお子さんもいます。お腹の中では何事もなく育っていた赤ちゃんでも，生まれた後に症状から何らかの疾患が疑われることもあります。親にとっては，元気に生まれてくると思っていたわが子に考えてもいなかった出来事が起きたことでの驚き，これからの成長や発達はどうなっていくのだろうという不安，といったさまざまな感情が次々に起こってきます。子どものことだからこそ，親は自分のこと以上に悩んでしまい，苦しんでしまうことも少なくありません。子どもの体質のことを受け入れきれない自分と，受け入れて前を向かなければならないという思いの狭間で揺れ動いている親や家族をサポートして前を向く準

備を手伝っていくことも遺伝カウンセラーの仕事の1つだと思います。

また本人やそのきょうだいに「体質のこと，遺伝のことをどう伝えるか」は，家族にとって大きなテーマの1つであり，小児領域において遺伝カウンセラーが時には子ども自身もサポートし，継続的にフォローアップしていくべき課題でもあります。

いつ・どこで・誰が・どういう情報を・どのように伝えたらいいか（または伝えないでおくべきか），家族の意向を汲みつつ，かつ子どもたちの意思も尊重し配慮しながら対応しなくてはなりません。将来のある子どもたちが，その成長過程で自身の体質や遺伝のことをどう理解し，どのように付き合っていくかということは，その後の人格形成や人生にも大きく影響するからです。

また病気の重症度や発症時期，その対象が子ども（患児）本人なのか，健康なきょうだいなのか，親に同じ病気があるかどうかなど，遺伝カウンセリングが必要とされる状況はさまざまであり，個々に応じた対応が求められます。ほとんどの親は，患児やその同胞に病気のことも遺伝のこともていねいに伝えたいと思っており，それが親の責任だとも考えています。一方で，子どもたちに遺伝のことを伝えることで彼らの将来が何かしら制限されてしまうのではないか，という不安も抱えています。親が病気のこと，遺伝のことをどのように受け止めているかが，子どもへの伝え方にも大きく影響します。親自身が遺伝や病気をネガティブにとらえている場合には，その点も含めて親の不安を受け止め，支援をしていきます。

簡単にですが，こども病院の仕事を遺伝カウンセラーの仕事の1つの例としてご紹介しました。

● 現在の遺伝カウンセラー

現在，日本国内には186人の遺伝カウンセラーがいます（2016年8月現在）。所属している組織や領域によって対象とする疾患やクライエントへの関わり方は少しずつ違っていますが，クライエントの力になりたい，という気持ちは変わらないと思います。この領域に興味をもっている，いろいろな立場の人と協力しながら仕事をしていきたいと考えています。

第3章

幼児心理学

活かせる分野

あなたの目の前に 2 歳から 5 歳までの子どもがいるとします。さて，彼らの間にはどのような違いが見られるでしょうか。外見上の違いにはすぐに気づくかもしれません。大きい子と小さい子，男の子と女の子，赤ちゃんぽい子とお兄ちゃん・お姉ちゃんぽい子……。しかし，内面の違いはどうでしょうか。何が好きで何が嫌いか，何を知っていて何を知らないか，自分や世界についてどんなふうに考えていて，それは大人と比べてどんな違いがあるのか……。それらは目に見えないため，なかなかその違いに気づくことはできません。

本章では，普段の生活では気づきにくい幼児期の心理について紹介していきたいと思います。

1 節　幼児期を育ちゆく子ども

幼児期の子どもの心理発達を専門とする心理学者たちの何人かは，これまで各年齢の子どもの姿を表現するにふさわしい「ひと言」を考えてきました。たとえば，神田（2004a, b）は，2 歳児を「伝わる心がめばえるころ」と呼び，3〜5 歳児をそれぞれ「イッチョマエの 3 歳児」「ふりかえりはじめる 4 歳児」「思いをめぐらせる 5 歳児」と呼んでいます。

1. 2〜3歳の時期

　2〜3歳の時期は，子どもの内面世界がどんどん広がって，深まりを見せ始める時期です。自分が意識する自分である「自我」も明確になり，子どもは自分という存在を周りに対して強く主張するようになります。この時期は「第一反抗期」と呼ばれ，海外でも「Terrible Two（魔の2歳児）」といって恐れられるほど厄介な時期ですが，同時に内面の広がりと深まりがもたらすさまざまな可愛らしくてノリがよい姿は，私たち大人をおおいに喜ばせてくれます。仲間にも強い関心を示し，思いをうまく伝えられずに激しく感情をぶつける場面も見られますが，ともに楽しさを味わう中で少しずつ相手の思いに気づき，受け入れることができるようになっていきます。「伝わる心がめばえるころ」には，そんな2歳児の育ちゆく姿が込められているのです。

2. 3〜5歳の時期 *

　3歳を過ぎると，子どもは単に自分の身の回りのことができるだけでなく，人の役にも立つことができる自分を発揮することで，誇らしい自分を確かめようとし始めます。「僕はもう一人前なんだ。みんなの役にだって立つんだ」という，まさに「イッチョマエ」の思いを周りに対して主張し始めるのです。もちろん3歳児はまだ一人前ではありません。むしろまったくの半人前です。ゆえに，そのふるまいはしばしば周りにとって「ありがた迷惑」なものとなります。「半人前」にもかかわらず，主観的には「一人前」と信じられるのはなぜなのでしょう。それは彼らの内面にまだ自分を振り返る力が十分に育っていないからだと考えられます。たとえば，服部（1996）は，3〜5歳児にお絵かきや走ることなどさまざまな事柄について，「上手にできる？　それともできない？」と尋ねてみました。すると3歳児の多くは，実際にはできないにもかかわらず，自信満々に「とってもできる」と答えたそうです。おもしろいことに，4歳児になるとこのような回答はずいぶん減ってきます。「できる」と答えた場合でも，「ちょっとだけ」や「まあまあ」を選択する子が増え，「とってもできる」と答

---

* 1節と2節の3,4,5歳児は，それぞれ幼稚園・保育所の年少児，年中児，年長児を表します。

えた場合でも,「でも,○○ちゃんよりはできない」と答えたりします。つまり,自分を振り返ることができ始めるのです。さらに5歳児になると,さまざまな事柄に対して自分なりに考えをめぐらせ,言葉で表現し,仲間との協同によって問題解決へと導くことも少しずつできるようになってきます。

　このように,各年齢の子どもの姿をひと言で捉え直すと,見えにくかった内面の違いもずいぶん見えやすくなってきます。もちろん,子どもは実に多様な顔をもつ存在なので,ひと言で表すことにはもともと無理があるのですが,それでも「子ども」という魅力的で謎めいた存在を理解するための取っかかりとして,有効な方法の1つであるといえましょう。そして心理学は,こうした子ども理解に役立つ知見をこれまで数多く提供してきたのです。

　さて,2〜5歳の子どもにみられる内面の違いとはいったい何なのでしょうか。次節では,この点についてもっと詳しくみていくことにしましょう。

2節　幼児は自分や世界をどのように認識しているか

1. 自己意識の発達と状況にふさわしい行動の選択

　幼児期の子どもは自分という存在をどのようにとらえているのでしょうか。子どもは1歳半ばを過ぎた頃から,自分を意識し始めます。自分で自分の名前を呼び,自分と他者とを区別した語りを見せるようになります。2歳前後になると人前で恥ずかしがったり,泣いていないのに泣いたふりをして見せるなど,明らかに他者から自分がどう見えるかを意識するようになります。この時期の心理発達において有名な現象の1つに,以下の実験で示されるような自己鏡像認知があります（Zazzo, 1993）。

　　【ルージュ・テスト】
　　　子どもが遊んでいる最中にこっそりと鼻の頭に口紅（ルージュ）を塗り,鏡を見せます。もしも子どもが鏡の中の誰かを他の誰でもない自分であると認識できるならば,その子は自らの鼻に手をやり,口紅を取ろうとするでしょう。実験の結果,そのようにふるまう子どもは1歳

半以前では皆無であり，1歳半を過ぎた頃から少しずつ見られ始め，2歳前後でほぼ確実に見られるようになることがわかっています。1歳半ば頃〜2歳，そして3歳の時期は，「自我の芽生えと拡大」の時期であるとよくいわれますが，そのことはこうした結果からも読み取ることができるのです。

しかし，この時点での子どもの自己意識は時間的にも空間的にも連続したものではなく，ちょうど大海に浮かぶ小さな島々のように，点々とした断続的なもののようです。木下（2001）による次の実験もみてみましょう。

【自己映像遅延提示テスト】
　子どもが遊んでいる最中にこっそりと頭にシールを貼り，その様子をビデオで撮影し，3分後にビデオ映像を子どもに見せてやります。もしも子どもが過去の自分の姿を現在にもつながる姿として認識できているならば，その子はビデオ映像を手がかりにシールを取り，その映像を他者に見られることを嫌がるでしょう。
　実験の結果，そうした姿は3歳児ではあまり見られず，4，5歳になってようやく見られるようになることがわかっています。つまり，過去・現在・未来と連続した自分（時間的拡張自己）を意識することが2，3歳児ではできませんが，4，5歳児になるとできるようになるのです。

似たような結果は，加用（2002）による次の風変わりな実験からも示されています。

【「いきなり称賛したら…」実験】
　加用（2002）は，遊んでいる最中の子どもにいきなり何の脈絡もなく「すごいねー！」と称賛の声をかけたら，いったいどんな反応を示すでしょうか。実験の結果，2，3歳児の多くは笑顔でその言葉を受け入れ，疑いの目を向ける者はあまりいませんでした。他方，4歳児では明らかに怪訝そうな表情を示し，「どうして？」「何が？」と理由を聞き返す者が多く見られたそうです。

また，心理学では以下のマシュマロ・テストと呼ばれる有名な実験

があります（Mischel, 2014）。

【マシュマロ・テスト】
　子どもの目の前においしそうなマシュマロが1つ置かれ，実験者にこう告げられます。「このマシュマロはあなたにあげます。もしも私が戻ってくるまでの15分間，食べるのを我慢できたら，そのときはマシュマロをもう1つあげましょう。でも，もしも食べてしまったら，2つめはありません」。3歳児の多くは，「今すぐ食べたい」という現在の欲求を我慢できずに食べてしまいます。しかし，4，5歳児になると，「2つ食べる」という将来の目標達成のために現在の欲求を我慢することが少しずつできるようになることがわかっています。これらの研究は，「誘惑への抵抗」や「満足の遅延」とも呼ばれ，これまで数多くの研究がなされています。

　これらの結果は，2，3歳児にとっての喜びや楽しさの追求はあくまでも現在にとどまったものであり，4，5歳児のように過去や未来と結びついたものではないことを表しています。森口（2014）も述べているように，2，3歳児の頭の中には自分が現在「したいこと」がまずあって，その欲求充足を優先しがちです。「すべきこと」を思い描くことが十分にできないため，状況にふさわしい行動を選択することができないのです。「したいこと」とは異なり，「すべきこと」は過去や未来の喜びや楽しさと結びついています。4，5歳児になると，思い描いた「すべきこと」によって「したいこと」を我慢することができるようになります。ゆえに，彼らは状況の変化に応じて，ふさわしい行動を選択することができるようになるのです。大好きな食べ物を先に全部食べてしまうのではなく，後に取っておくことができるようになることもこれと一緒かもしれません。

　これは言い換えると，頭の中にある自分の「認識」と対話することができるようになることを意味しています。たとえば，運動会のかけっこで「よーい，ドン！」の合図があっても動かない子どもや，あろうことか逆走し始める子どもをよく見かけます。多くの場合，こうした子どもは2，3歳児です。4歳以上になると，こうしたイレギュラーな姿はほとんど見かけなくなります。彼らは「よーい」のかけ声でゴールを見据えて走る構えをし，「ドン！」の合図でいっせいに走り出す

ことができます。つまり，彼らの頭の中には「かけっことはこうすべきものだ」という認識があり，それとの対話によってふさわしい行動を選択することができるのです。

2. 虚構と現実の世界の境界と越境

　幼児期の子どもを観察すると，彼らの日々の遊びや生活が虚構の力によって豊かに彩られていることに気づきます。彼らはごっこ遊びが大好きです。やがて児童期中頃になるとほとんど姿を消すことを考えると，ごっこ遊びはまさに幼児期特有の遊びであるといえましょう。そこで疑問が生じます。ごっこ遊びの渦中にあって，子どもは虚構と現実とをどのように認識しているのでしょうか。また，2～5歳にかけての発達的変化はどのようなものなのでしょうか。

(1) 虚構世界と現実世界の境界実験

　加用（1992）はこの点に関して，次のようなたいへん興味深い実験を行っています。

> 「頭の中にある自分の認識と対話すること」についてもう少し…
>
> 　たとえば，田丸（1991）は，鬼ごっこにおいて子どもはどのタイミングで逃げ始めるのかを調べています。調査の結果，4，5歳児の多くは鬼が10数えている最中か，数え始める前に逃げ出したのに対して，3歳児は鬼が10数えて振り返ってもまだそこにいて，追いかける素振りを見せてようやく逃げ始めたことを明らかにしています。また加用（1981）は，けんかが起こった際の周りの子どもの反応を調べています。観察の結果，5歳児はけんかにいっさい関与しないか，関与したとしても泣いた子に加担するかのいずれか2択であったのに対して，3歳児は泣かせた子に加担したり，泣いている子をさらに泣かせて立ち去るなどイレギュラーな反応を示す子どもが何人か見られたことを報告しています。さらに古屋（1987）は，劇遊びにおいて相手がセリフを忘れたり，順番を間違えたりして進行が停滞したとき，子どもはどのように反応するかを調べています。実験の結果，3歳児の多くはたとえ停滞しても無反応であったのに対して，4歳児では相手にセリフを促す者が増え，5歳児になるとさらに観客に聞こえないような小さな声でセリフを促す者が増えたことを明らかにしています。鬼ごっこ，けんか，劇遊びと場面こそ違いますが，子どもは4，5歳頃から，「この状況ではこうすべきだ」という頭の中の「認識」としっかり対話しながら，状況にふさわしい行動を選択することができるようになるのです。

【「ごっこを真に受けたら…」実験】
　ある子どもが砂場で皿に砂を盛って「ハンバーグ」と言って差し出したとします。すると研究者は「わー、おいしそー」とばかりに、実際に食べてみせます。色水を作って「オレンジジュース」と差し出されると、それも飲んでみせるのです。すると子どもはいったいどんな反応を示すでしょうか。反応は実にさまざまでしたが、各年齢に特徴的な反応を取り上げると次のようになります。2歳児はその様子をじーっと見つめた後、「食べられるものとは知らんかった…」とばかりに一緒になって食べようとします。3歳児は不思議そうに見つめた後、すっかり混乱してしまったのか、とりあえず「おいしい？」と感想を尋ねます。4歳児はまじめです。「それ食べたら病気になるで！」「早く出して！」と焦った様子で言います。5歳児も驚きますが、その後「さては冗談でこんなことをやったな」と理解したのか、「これも食べてー」と次々と泥ハンバーグを持ってきたり、「僕も食べられるでー。なーんて嘘」とノリツッコミをしたりします。

　この実験は、実験者が子どもの目の前で実際に砂を食べてしまうため、今であれば倫理的に問題があるかもしれません。しかし、2〜5歳にかけてのこうした反応の違いから、大まかには「信じ込み」から「疑い」、そして「笑い」へという発達的変化が考えられます。特に、2, 3歳は「信じ込み」の段階にあり、提示された不可思議な現象に対していくらかの「疑い」をもちつつも、主には「信じ込み」の範囲内で反応を示します。4歳になると単純な「信じ込み」からは少しずつ脱却し、「疑い」へと大きくシフトし始めます。そして5歳になると、相手の不可思議なふるまいを冗談として受け止め、「笑い」へと変えていく段階にシフトしていくのです。
　筆者も学生と一緒に、「お姉ちゃん（学生）、実は100歳なんだ」と子どもにあり得ない情報を与えたときの反応を調べたことがありますが、やはり似たような結果が得られています。3歳児では無反応や真に受ける反応が多くみられたのですが、4, 5歳児になると疑わしげな様子で「嘘！」「100歳？」と聞き返したり、「だったらおばあさんじゃん！」とツッコミを入れたりする反応が多くみられるようになりました。また、5歳児の何人かは翌日から当の学生（発言者）を見かけると笑いながら、「このお姉ちゃん、100歳なんよ」「嘘だぁー

▼表 3-1 「サンタクロースに会ったことがある？」「それは本物だった？」「会うことはできると思う？」などの一連のインタビューに対する回答結果（富田, 2002）

	4歳児 (N=30)	6歳児 (N=32)	8歳児 (N=29)
会ったことがあるし，本物だった。	11	4	0
会ったことはあるが，偽物だった。本物はどこかに実在すると思う。	2	7	1
会ったことはあるが，偽物だった。本物も実在しないと思う。	0	0	1
会ったことはないが，どこかに実在すると思う。	16	19	16
会ったことがないし，実在しないと思う。	1	2	11

「そんなわけないじゃん」「おもしろいよねー」と言い，その後もしばらく「100歳姉ちゃん！」と声をかけてきたそうです。このような反応は5歳児にしかみられませんでした。

　もちろん，4, 5歳児が常に「疑い」やそれをふまえた「笑い」の段階にあるかといえば，そんなことはありません。信じる対象が信頼できる他者の証言やもっともらしい証拠群によって彩られていると，それがたとえ想像上のものに過ぎなくても信じるに値するものとなるのです。その代表例としてサンタクロースがあげられます。サンタクロースは幼児期のほぼすべての子どもに信じられています。「本当は実在しない」との気づきをもつようになるのは，主に児童期半ば以降のことです。とはいえ，幼児期の間にも認識の変化はみられます。富田（2002, 2009b）は，「サンタクロースに会ったことがある」と回答した子どもに対して，「それは本物だった？」と尋ねてみました。すると，4歳児の多くは「本物だった」と回答したのに対して，6歳児の多くは「偽物だった」と回答しました（表3-1）。ここで重要なのは，「偽物だった」と回答した子どもでも，基本的には「本物はどこかにいる」とその実在を信じていたことです。サンタクロースのような不可思議な存在に対して「疑い」の目をもちつつも，同時に「信じる」心もあわせもっている。これこそが5歳児の生の姿なのです。

(2) 虚構世界と現実世界の境目感覚を鍛えて越境へ

　このように「疑い」をはらみつつも「信じる」とき，子どもは虚構

と現実という2つの世界を揺れ動きながら、その境目感覚を鍛えている（加用，1994）と考えることができます。現在，保育の現場では，お化けや山姥、河童、りゅうなどの架空の想像物があたかも実在するかのように子どもの前に提示され、そのことを契機として展開される保育実践（想像的探険遊び）が全国各地で数多く行われています（岩附・河崎，1987；加用，1990；斎藤・河崎，1991など）。「あの山にはもしかしたらりゅうがいるかもしれない」という「信じ込み」と、「でも実はそれは嘘かもしれない」という「疑い」との間の揺れ動きの中で、世界に対するものの見方や考え方を鍛えていく、というのがこの種の遊びの本質であるといえましょう。

　虚構とは作りごとを意味するため、それを作りごととして認識した瞬間に、もはや楽しさは失われてしまうと思われるかもしれませんが、そんなことはありません。いくつかの実験では、虚構を虚構として認識することで、より楽しめるようになるという事実が確認されています。ここでは、不思議を楽しむ心理（富田，2009a）と怖いものを楽しむ心理（富田・野山，2014）という2つの実験をみてみましょう。

【手品実験】
　3〜5歳児に手品を見せ、そのときの顔の表情や探索行動を分析してみました。すると、手品の不思議を見て喜んだり、真実を知ろうと探索したりすることは、4, 5歳児で大きく増加し、それは空想と現実とを区別する能力の発達と関連していることがわかりました。

【怖いもの見たさ実験】
　3〜5歳児に「怖い」カードと「怖くない」カードを伏せた状態で提示して、どちらか1枚だけ見ることができるとしたらどちらを選択するでしょうか。実験の結果、怖いカードをあえて選択する「怖いもの見たさ」の反応は加齢とともに増加し、特に5歳児では想像と現実とを区別する能力の発達と関連があることがわかりました。作りごとであると理解することで、その虚構をより楽しめるようになっているのです。

　大人はディズニーランドやお化け屋敷を虚構と知りながらも楽しむことができます。「作りごと」だから「つまらないもの」「無意味なも

の」では決してないのです。虚構と知りながらもそこに現実と同等かそれ以上のリアリティを感じて，その不思議さやおもしろさを楽しむことができる。幼児期とは，このように虚構と現実との間の境界線を描きつつ，一方でその境界線をあえて越える楽しさを獲得していく時期でもあるのです。

3節　幼児が身につけていく力

1. 人の気持ちを考える

　幼児期は，子どもの世界がどんどん広がっていく時期です。1節で紹介されているように，子どもの内面も徐々に広がりを見せていきます。それと同時に，子どもを取り巻く関係性も個から集団の中へと広がっていきます。集団の中で生活することを考えたとき，誰かに優しくしたり，思いやりのある行動をとったりすることは多くの人から推奨されます。そのためには，他者がどうしたらうれしいと感じたり，何をされたら嫌だと感じるのかをまず知らなければなりません。「他者感情推論能力」とよばれるこの力は，幼い頃から少しずつ発達していくことが知られています。人の気持ちは目にすることができないので，目の前にいる人を見ただけでは，その人がどんな気持ちでいるのかについてはわかりません。そう考えると，人の気持ちを知ることは，目の前に咲いている花がチューリップとよばれていると知ることとは異なる次元の課題であることがおわかりいただけるでしょう。人の気持ちを知るためには，その人が置かれている状況や，その人の周辺にある複数の情報を統合して推論することが必要になってくるのです。

(1) 子どもが利用する情報

　子どもがどんな情報を利用して他者の気持ちを推論しているのかについて調べた研究があります。ネップ（Gnepp, 1983）は，幼児，小学校1年生，6年生を対象に，他者感情を推論するときに使用する情報として，状況もしくは表情だけの情報，状況と表情が一致している情報，状況と表情が矛盾している情報が含まれた図を見せて，他者の感情についての質問を行っています。その結果，幼児は他者の表情を手がかりとして他者の感情を推論する傾向があり，この傾向は年齢

が上がるにつれて減少していくことが示されました。幼児期の子どもは，笑っているからうれしいとか，泣いているから悲しいというように他者の感情を推論します。表情として目に見える形で示されている情報が利用しやすいことがわかります。

　しかし，利用できる情報の中には見えない情報もあります。プレゼントをもらって困った表情を浮かべている人や，叱られているにもかかわらずニコニコしている人に遭遇した場合，あなたはその人の気持ちをどう推論するでしょうか。人は，同じ場面で必ずしも同じ感情を抱くとは限りません。個々人の好みなどの内的特性（牛乳が嫌い，牛乳が好き）や，男の子，女の子のような社会的カテゴリー（男の子は車，女の子は人形），さらには過去の経験によって培われた価値観などの影響を受け，場面に対して抱く感情が異なってきます。朝生(1987)は，物語の主人公の行動情報（カブトムシを集めている／カブトムシを見ると逃げる）から推測される内的特性情報（カブトムシが好き／カブトムシが嫌い）と主人公が置かれている状況情報（カブトムシをもらえる／カブトムシをもらえない）を組み合わせて，子どもが他者の感情を推論する際の情報を利用する方法に発達的な変化があるかを調べています。その結果，4歳児，5歳児では主人公の内的特性は考慮に入れず，主人公が置かれている状況情報のみを利用して他者の気持ちを推論することがわかっています。6歳になると，主人公の内的特性と状況情報の2つを組み合わせて他者の気持ちを推論するようになります。

　年齢が高くなるにしたがって，表情がどんな感情を示しているのかについて理解する，他者が置かれている状況から生じる気持ちを自分に置き換えて想像する，複数の情報を統合し矛盾しないように場面を解釈するというように少しずつできることが増え，人の気持ちを考えられることにつながっていくのです。

(2) 自己中心性からの脱却

　もともと他者感情推論は，自己中心性からの脱却という観点で研究が行われていました（Borke, 1971）。あなたが友達の気持ちについて考えるときには，自分がその友達の状況に置かれたらと想像するところから始めるのではないでしょうか。しかし，人は必ずしも自分と

同じ考えをもっているとは限りません。自分に関連した情報と他者に関連した情報が異なる場合，自分が抱く感情とは異なる感情が他者に生じることになります。その人が置かれている状況を踏まえたうえでその人の視点から推論することが必要になり，そのためには自分と他者の心の状態を明確に区別することができなければならないのです。

樟本・山崎（2002）は，幼児の個人的特性と物語の主人公の個人的特性が一致している条件と不一致の条件の2つの条件を作って，幼児期の他者感情推論能力について調べています。

【他者感情推論能力についての調査】
　もともと「カブトムシが好き」な幼児は，カブトムシをあげると言われるとうれしい気持ちになります。
　物語の主人公が「カブトムシを捕まえて遊んでいる子」だった場合は，幼児自身と同じ特性をもつ他者になるので，カブトムシをあげると言われたときの主人公の気持ちを問われた際には，自分が感じる気持ちを答えれば正解になります。
　しかし，物語の主人公が「カブトムシが近くに来ると逃げる子」だった場合には，幼児自身とは異なる特性をもつ他者になるので，カブトムシをあげると言われたときの主人公の気持ちを問われた際には，自分が感じない気持ちを答えなければ正解にはなりません。
　4～6歳児の子どもたちを対象に調査を行ったところ，一致条件の場合，4歳児，5歳児は約50％，6歳児は80％が適切な他者感情推論を行うことができました。その一方，不一致条件の場合，4歳児，5歳児にいたっては，適切な感情推論ができたのは約20％でしたが，6歳児でも適切な感情推論ができたのは50％でした。

このことから，自分とは異なる考えをもつ類似性の低い他者について想像し，気持ちを推論することは幼児期の子どもにとっては大変難しいことだということがわかります。

2．自分をコントロールする

誰かに優しくしたり，思いやりのある行動をとったり，友達と仲良くしたりすることは，自分の周囲にいる人たち良い関係を作っていくことにほかなりません。いざこざや社会的なトラブルを避けるために，

また周囲の人たちと協力的な関係を築くためには，自分の意思で自分の行動や気持ちをコントロールする力が重要な役割を果たします。この力を「自己制御機能（self-regulation）」といいます。仮想場面での実験や，親や保育者が子どもの行動を評価する研究も多いのですが，子どもが生活の中でどんな経験をしながら自己制御機能を発達させているのかを描き出そうとする観察研究も行われています。

　自己制御機能は2歳頃から少しずつ発達していくことがわかっています。金丸・無藤（2004）は，母親と2歳の子どもとのやり取りの中でのぶつかり合いを観察しています。その中で不快な気持ちを注意転換することによって自分で制御しようとする2歳児の姿が見られています。不快な気持ちが大きいときには，その気持ちを静めるためにやはり母親の助けが必要であることもわかっています。また，遊んでいるときにおもちゃが片付けられると不快な感情を表出していた2歳児が，3歳児になると同じ状況において不快な感情を見せず快感情を表出する姿を見せており，年齢が上がるにつれて，その場に応じたふるまいが少しずつできるようになっていることがわかります（金丸・無藤，2006）。

　3歳児以上になると同年齢の子どもたちとの集団生活が大きくなってきます。自分と対等な他者との関係を築き，関わりを深めていく中で，子どもはさらに自己制御機能を発達させていきます。鈴木（2006）は，幼児の日常を観察しありのままの幼児の姿を記述したエピソードを分析することで，各年齢における自己制御機能の特徴を以下のように示しています。

①年少児（3～4歳にかけての時期）：「欲求の衝動的表出」段階
　「～しなさい」，「～してはいけません」というような大人からの指示には従うことができますが，基本的には自分が置かれた状況にかかわりなく，「やりたいことはやる」というように欲求のままにふるまう姿が多く見られ，規範（するべき状況）よりも欲求（したい行動）を優先します。

②年中児（4～5歳にかけての時期）：「規範と欲求の葛藤」段階
　「～してはいけない」あるいは「～しなければならない」という規範を強く意識し，自分のしたい気持ちを抑えたり，自分の意見を主張

したりする姿が見られます。欲求と規範の2つの葛藤の中で揺らいでいます。

③年長児（5～6歳児にかけての時期）：「欲求と規範の融合」段階

自分の欲求と園の決まりが相反した場合，園の決まりなら仕方がないと自分の欲求を抑える姿が見られるようになります。規範を欲求よりも重視し，規範的にふるまうことを子ども自身が好むようになるので，皆が共通の規範に従って行動するようになります。

私たちは，他者と生活を共にする中で，最初は大人の助けを借りながら少しずつ自分で自分をコントロールするようになり，その場に応じたふるまいを身につけていくのです。やりたいことをして，やりたくないことをしなかった時代に別れを告げます。自分の気持ちを抑えて友達の気持ちを優先させたり，するべきこと，してはならないことのような外から与えられた規範と自分の気持ちとの間で折り合いをつけたりすることで，自分の周囲と良い関係を築くことができ，その関係性の中で他者に対する優しさや思いやりのある姿が見られるようになるのです。

3．みんなについて意識する

子どもの世界は，私から私たちみんなへと広がっていきます。集団生活の中では，友達とお菓子を分けたり，協力して活動をしたりすることがあります。そのときには，自分だけでなく自分を含めた皆ができるだけ満足するような結果になることが求められます。そこには優しさや，思いやりが含まれていますし，人と仲良くすることにつながっていきます。誰かが一方的に得をしたり，損をしたりすることがないように，どちらかに偏ることがないように判断するのに必要になってくるのが「公正観（justice conception）」です。公正観は児童期以降に大きく変化していくのですが，幼児期にその端緒が開かれます。

デーモン（Damon, 1975）は子どもにインタビューすることで，主に3つの段階を明らかにしています。4～5歳の子どもは自分の欲求に基づいて正当化し，5～6歳の子どもは絶対的平等概念に基づいて判断を行い，7～8歳の子どもはさまざまな状況を考慮して正当化するという公正観の発達段階を見出しています。この段階の順序性は

日本でも妥当であることがわかっています（渡辺，1992）。
　しかし，幼児期の子どもが状況を考慮して判断することができないのかというとそうでもありません。次の実験をみてみましょう。

　【アメの数と分配量実験】
　　津々（2010）は，子どもが仕事量の異なる2人の登場人物にどのようにアメを分配するかを調べています。そのときに，アメの数を最も少ない条件（4個）から最も多い条件（24個）と量を変えて子どもに示しました。その結果，4個や8個のアメが少ないときには，5歳児の80％以上が平等分配を行い，その理由の多くは，「差がつくのはかわいそう」「もらう数が少ない」というものでした。しかし，アメが12個以上になると，2人の間に差がついても，「これでもいっぱいあるから大丈夫」のような感覚から，こっちの人のほうがたくさん仕事をしたという「仕事量」に着目して平等分配以外の分配を行うことが明らかになりました。

　集団生活の中には，もらってうれしいものを分けるだけでなく，責任や負担という抽象的な道徳的役割なども上手に分けていくことが必要です。Hashimoto et al.（2012）は，幼稚園の片付け場面において5歳児の責任の分配について調べています。その結果，多くの5歳児が「使った人が片付ける」というように，自己責任として片付けの分配を捉えている一方で，自分が使っていなくても，友達と協力して片付けの負担を引き受けると答える子どもがいることもわかっています。5歳頃になると自分と友達との関係を継続的なものと捉えるようになり，相互に助け合うような「お互いさま」の感覚が少しずつ芽生えてくるのかもしれません（戸田・橋本，2013）。
　4歳と5歳の異年齢活動を見ていたときの5歳児の調整例をみてみましょう。

　【チームでの役割の決め方】
　　チーム戦の玉取りゲームを行う際に，それぞれのチームで攻める役割と守る役割を決めていました。チームにはそれぞれ4人の子どもがいて攻守の人数は好きなように決めてよいことになっていました。
　　Aチーム：5歳児が「オレとしょう君が攻めるから，けい君たちは守

　　　　　っていて」と4歳児に言い，5歳児の2人が攻める役割，
　　　　　4歳児の2人が守る役割になりました。
　　Bチーム：5歳児が「じゃんけんで決めよう」と提案し，じゃんけん
　　　　　に負けた5歳のあっ君が1人で守ることになりました。
　　Cチーム：5歳児が「攻めるのと守るのとどっちがしたい？」とチー
　　　　　ムのメンバーに聞きながら，チーム内での役割を決め，攻
　　　　　守の役割に4歳児と5歳児が混合で入ることになりました。

　A，B，Cチームの5歳児では，それぞれの調整の仕方（役割の決め方）が違いました。もしあなたがこの遊びに参加している4歳児だとしたら，A，B，Cのどのチームに入りたいと思いますか。
　集団生活の中では，みんなで何かを決めることが多くあります。Kusumoto et al. (2015) は，「皆で決める」ことに対して年長児（5歳）と小学校1年生がどう考えているのかについて調べています。子どもたちには「ある1人の人がみんなのことを決めてしまうという状況」を提示しました。年長児は先生が決めるのならいい，友達が決めるのはよくないという考えなのに対して，1年生は先生が決めるのも友達が決めるのもよくないと考えていることがわかりました。また，年長児は自分たちの意見が決定される内容に反映していなくてもかまわないのに対して，1年生は自分たちの意見に反した決定は良くないと思っていることが明らかになりました。このことから，子どもは社会化の中で自分より「権威」がある人が決めるのなら仕方がないと思う段階から，自分を含めた「みんな」の意見を聞くことが公正であるという段階へと発達してくことがわかります。玉取りゲームに参加していた4歳児も，いつまでもお兄ちゃんが言うから仕方がないと思っているとは限りません。いろいろな経験を積む中で，自分の意見も聞いてほしいと思うようになっていくのでしょう。

4節　幼児心理学と仕事

　2節「幼児は自分や世界をどのように認識しているか」，3節「幼児が身につけていく力」において，いろいろな子どもの姿を紹介してきました。子どもがかけっこをしている姿，ごっこ遊びをしている姿

から，子どもが思っていることや感じていることを知ることができます。また，友達とけんかをしている姿や話し合い活動をしている姿から子どもの中で育ちつつある力を探ることができるのです。日常の中で見られる現象を，構成要素に分けて説明していくのも心理学の役割の1つです。幼児心理学を学ぶことは，外側から観察できる事柄から，子ども理解していくこと，子どもについて判断していくことが可能になることにつながっています。

　このことから考えると，子どもを対象とする保育所や幼稚園の先生，発達センターの指導員などの仕事には発達心理学は必須の学問だといえましょう。これらは子どもの発達と学びを支える仕事ですが，幼児期の子どもたちは「おもしろい」「楽しい」ことに敏感です。かけっこをしていても，年齢によって「楽しい」と感じていることが異なることを理解し，子どもの内面を理解することができれば，先生の子どもへの働きかけも当然異なってきます。「個から集団へ」と意識も生活も広がっていく幼児期の子どもたちは集団の中で多くのことを学んでいます。「優しくしてね」「お友達の気持ちを考えてね」「仲良くしてね」。私たち大人は子どもたちにいろいろなことを願いますが，どんな力が未熟なのかについて子どもの姿から理解し判断することができれば，それに応じた働きかけができるようになるのです。

　幼児心理学は，子どもを対象とする仕事だけに役に立つのではありません。鉄道会社や出版社の仕事をすることになっても役に立つと思います。駅の構内が子どもの目にどう映るのかを考えることで，駅の安全性を高めることができるでしょうし，子どもが大人とは異なるものの見方をすることを知っていれば，子どもにとって「おもしろい」本を企画することができるでしょう。あなたが動物園の飼育員になったとしましょう。動物園はレクリエーションの場としてだけでなく，子どもの教育の場としての役割も担っています。以下に，幼児心理学の活用例を紹介しましょう。

　①象を1頭ずつ独立したものとして伝える。
　　幼児期の子どもは，ピアジェの認知発達の段階では「前操作期（preoperational period）」の段階に当たります。この時期は，前概念的思考と直感的思考とに分けて考えられていて，前概念的思

考では，イメージによる思考はできても概念に基づく思考はまだできません。この段階の子どもは，2頭の「象」を見てそこから共通性を取り出し「象」という1つのまとまりで考えることは難しく，「象のハナコ」「象のアキラ」というように，共通性をもたないそれぞれのものとして考えるので，2頭は独立したものとして伝えるほうが子どもには理解しやすく楽しむことができます。

②「大きさ」だけでなく「重さ」の情報も足して比較するよう展示する。
直感的思考では，カテゴリーをともなう概念的な思考ができるようになりますが，視覚的情報などの事象に対する知覚に左右されやすいという特徴があります。徐々に1つの知覚だけではなく，複数の知覚情報によって理解を修正しようとする直感的調整作用が働くようになっていく時期です。つまり，「大きさ」だけで理解していたことが，「大きさ」と「重さ」の2つから考えることができるようになっていくのです。そこで，卵の大きさの違いを強調して展示して見たり，「大きいのだけど軽い」「小さいのだけど重い」というような比較で子どもに伝えたりする工夫をすると，子どもにとって理解しやすく，驚きとともに動物園を楽しめるのではないでしょうか。

　このような子どもの「理解の仕方」の発達についての幼児心理学の知識があれば，動物園の飼育員として教育効果の高いプログラムや，展示の仕方を企画することが可能になります。
　メディアや情報関係の仕事にも，幼児心理学は役に立ちます。母親と子どもの頷きや身振りの相互作用の研究がロボットやCGキャラクターを作成する際に応用されています。小林ら（1983）は，乳児が人の声かけに手や足の動きで応答的に反応すること見出し，母親の働きかけが子どものコミュニケーションを形作り，子どもからの反応を引き出していることを示しました。私たちは，言葉だけでなく，頷きや身振りなどの言葉ではない身体的なリズムを共有してコミュニケーションを行っていますが，これは乳幼児期の経験によるものが大きいのです。この研究をきっかけに，対話者が相互に身体的なリズムを共有できて，一体感が実感できるコミュニケーションシステム「心が通う身体的コミュニケーションシステムE-COSMIC」が開発されました（渡辺，2001）。E-COSMICプロジェクトの中では，仮想教室の

実験があり，電子メディアの CG キャラクターが頷きを中心とした動きをしている場合と，居眠りやよそ見などの動きをしている場合とを比べた結果，頷きを中心とした動きをしている CG キャラクターが出ているほうが，視聴者への伝達効果が高いことがわかっています（渡辺ら，2000; 山口ら，2002）。この研究の一部は，小児病棟に入院している幼児を勇気づけ，元気づける取り組みへとつながっていて，CG キャラクターの作成や身体的相互作用をもった玩具（頷いたり，震えたりするぬいぐるみ）が作られました。このように，乳幼児期の心理学研究が，情報工学やメディアなどの仕事とつながり，子どもの世界へと戻ってきているのです。

保育士

現場の声 7

● 保育所という現場

　保育所では，０歳から就学前までの子どもが生活しています。子どもによっては，朝早くから，夕方遅くまで保育所で生活する子もいます。保育士は，日中のお母さん，お父さんの代わりでもあり，家庭に代わって，育児や遊びを通しての教育を行う役割があります。１日の多くの時間を過ごす保育所が，子どもにとって，快適で，安心できる，楽しい場所であってほしいと思います。また，保護者にとっても，わが子を安心して預けられる場所にしたいと思います。そのために，一人ひとりの子どもの生活状況を把握し，好きな遊びは何か，どんなことに興味があるか，どんな性格なのかなど，家庭から情報を得ながら，子どもを知ることからスタートします。それをもとに，毎日の子どもとの関わりの中で，信頼関係を育んでいきます。そのことで子どもの情緒が安定し，安心して生活が送れ，自分の思いを表現でき，いろいろなことに挑戦することができるのではないかと考えます。こうした一連の保育士の仕事の上で大切なことが子どもを知るということですが，その際に必要になってくるのが，「発達」についての知識や理解です。

● ０〜５歳児の発達

　０〜５歳児までの子どもが，どのような段階を経て発達していくのかということを知っていると，保育に見通しがもて，子どもを理解することができるようになると思います。

　発達について学ぶときの視点として，次の２つがあります。

①「○歳頃になると○○ができるようになる」という発達の指標
　　このことは，子どもの育ちを見通すという点で大切です。
②「○○ができるようになる」ための内面の発達
　　「自分も○○がしたい」「○○できるようになりたいな」という願いがあって，それが実現したことで「できないことができるようになった」という達成感がうまれ，能力として獲得されていきます。

　子どもの願いが実現できるためにどうすればよいかを考え，導くのが保育の仕事です。

　２か月の赤ちゃんでも，「お母さんの顔が見たいなー」と言わんばかりに，まだ座っていない首を必死にお母さんのほうへ動かそうとすることを知ったときは，衝撃を覚えました。また，人見知りが始まる８か月のころ，担

任がそばを離れたりすると泣いてしまって，どうしたらいいのだろうと困ったこともありました。しかし，泣いているのは保育士との信頼関係が獲得されているからこそ，保育士がそばを離れて悲しんでいるのだとわかれば，「自分を慕ってくれている」気持ちに，子どもがいとおしくなってきます。自我が芽生えてくる１歳児になると，友達とおもちゃの取り合いで，トラブルになることがしばしばあります。「○○ちゃんのおもちゃをとったらダメだよ」と頭ごなしに言ったものなら，「イヤだ！」と，ひっくり返っててだをこねてしまいます。そんなとき，「△△ちゃん，○○ちゃんのおもちゃほしかったん？」「でもね，○○ちゃんが使ってるからね。こっちにも，おんなじおもちゃがあるよ。○○ちゃんといっしょだね」と，子どもの要求を言葉で意味づけし，代弁すると，自分の気持ちを理解してもらえたと感じるのか，大人の要求も受け入れようとする姿が見らます。もちろん，同じように対応してもうまくいかないことも多々あります。保育はマニュアル通りにやればうまくいくというものではなく，「どうしてうまくいかないのだろう」「この子のことをどう見たらよいのだろう」と悩むこともしばしばです。

● 園内での学び

保育所では，発達心理を学ぶために同じテキストをもとに学ぶ時間をもうけています。また，毎月の職員会議やクラス会議の中で，子どものケース検討を行います。そして，年度の終わりには，一人ひとりの子どもの育ちについて確認し合う，総括会議があります。

ケース検討では，自分が担当するクラスの子どもの中で，どうとらえたらよいかわからない子どもの事例を出し合い，職員集団の中で論議したりします。事例を発表した後，いくつかのグループに分かれて，話し合います。グループで話し合ったことを発表し，意見を出し合います。その中から，その子にとって今どういう取り組みが必要なのかを具体的にしていきます。１人の子どもの事例に，10人いれば10通りの見方があります。１年目の保育士では気がつかなかったり，知らなかったりすることも，経験が多い保育士には違う視点が浮かんだりします。１人では行き詰ってしまうことも，先輩保育士から自分とは違う意見を聞くことで，子どもの育ちが違う角度からとらえられるようになります。そこが集団で考えていくことの良さではないかと思います。そして，話し合った中から，どういう取り組みを実践していくかを選択し，実践していきます。そうした中で，また，新たな子どもの姿を発見することができ，成長した子どもの姿を職員集団の中で共有し，共感し合うことが保育士個々の自信へとつながり，保育士としてのやりがいにつながっていくのです。

幼稚園教諭

現場の声 8

● 幼稚園で行われる教育とは

　筆者は，国立大学の附属幼稚園で勤務しています。年少児（3歳）～年長児（5歳）が5クラス，120～130人ほど通う幼稚園で，担任として働いています。

　幼稚園という機関の目的や特徴について述べます。幼稚園は，学校教育法（1947年公布・施行）によって定められた教育施設で，同法22条では義務教育及びその後の教育の基礎を培うものとして，幼児を保育し，幼児の健やかな成長のために適当な環境を与えて，その心身の発達を助長することを目的とします。その特徴として幼稚園教育要領（文部科学省，2008年）では，遊びを通しての指導を中心としてねらいを総合的に達成することや，幼児一人ひとりの特性に応じて発達の課題に即した指導を行うこと，またその際に幼児一人ひとりの行動の理解と予測に基づき計画的に環境を構成すべきことなどがあげられています。「ただ遊んでいるだけ」「お世話をしていればいい」と思われがちですが，幼児と遊び，ともに生活を進めるうえで多くのことを総合的に考え，判断します。

● 幼児教育のおもしろさと難しさ：発達心理学が役立つ場面

　皆さんは幼児期にどのような遊びを楽しんできましたか？　鬼ごっこ，ままごと，砂場遊び，お絵描き…きっとさまざまな遊びが思い浮かぶことでしょう。そして，その遊びにまつわる思い出も一緒に想起されるのではないでしょうか。幼児期の遊び，生活はすべてが記憶に残るわけではありませんが，おそらく多くの人の心の中に原体験の1つとして存在し，そして，それはその後の人生に何らかの形で影響を与えることでしょう。それこそ，幼児教育に携わる者として誇らしく，楽しみで，そして責任を感じる点です。

　日々，教師は幼児と生活をともにする中でさまざまな援助，指導を行います。そこで重要なのは，幼児一人ひとりの特性や行動を理解し，予測することです。そのときに，大人の考え方や感覚を押し付けていては，幼児の心を理解できないばかりか幼児との信頼関係を築くことが難しくなります。幼児はその時期，状況，性格，そして発達の程度によってもそうですが，

大人とは異なる内面，考え方や感じ方をしています。それを理解するための1つの指標となるのが，発達心理学です。その中でも特に，幼児，児童期に焦点を当てて学ぶことは，その時期の子どもたちの内面を理解し，表現活動をより深く見取り，そして楽しさや悔しさ，うれしさを共感することにとても役立ちます。たとえば，「皆が楽しんでいる遊びに入らない子」がいたとします。その際，幼児の目線に立つことができないと「皆と一緒に遊ぶべきだ」という極端で一方的な見方をしてしまうかもしれません。そうではなく，幼児の目線に立ち，周りの事実や出来事，その子の思いの揺れ動きを推測しながら関わることが重要なのです。単にその遊びに興味がなかったり，他に遊びたいことがあったりするのかもしれません。実は入りたいけれど大勢で遊ぶことに抵抗があるとも，遊びたいけれど自分からは言い出せず意地を張っているとも考えられます。このように，その子の性格，状況，日々の様子などをふまえてそのときの姿や行動を考える場面で，発達心理学が活きるのです。ただし，注意すべきは，必ずしも一般的な発達の筋道に全員が当てはまるわけではないということです。発達心理学のテキストには，「○歳ならば▲▲な姿が見られる」といった一般的な幼児の姿を示す内容が多く紹介されます。それらは幼児の発達をみるうえ

で大きな目安としては役立ちますが，それを厳密に個々に当てはめるのは強引です。幼児の発達について一般的な成長の過程や筋道を理解すること，そして目の前の幼児の姿を幼児の目線から理解しようと努力すること，その2つの重なりが，本当の意味での幼児理解につながるのではないでしょうか。

● やりがいのある仕事を望む若者に向けて

　筆者自身，幼児と関わる中で自分の甘さ，至らなさをたびたび感じます。保育者の年齢や経験にかかわらず，真剣に幼児と向き合おうとすればするほどこうした自省の気持ちを感じるものです。それでも，幼児と笑い合い，幼児の新しい挑戦を支え，一緒に悲しさや悔しさも味わいながら乗り越えるこの職業はすばらしいものだと思います。まずは，難しく考えずに幼児と触れ合い，汗をかいて遊んでみましょう。少しでも心が躍ったり和らいだりしたら，それは幼児理解のスタートラインに立っているのだと思います。ぜひ発達心理学を学び，熱意ある若者に幼児の成長を支える職業に就いてほしいと願います。

臨床発達心理士

● 臨床発達心理士とは

　臨床発達心理士は子どもから大人まで生涯にわたり，発達をめぐる問題を査定し，具体的な支援をしていく心理の専門家です。発達障害をはじめとする，発達をめぐる問題を査定し，子育て支援，気になる子どものサポート，社会適応のサポートなど具体的な支援をします。また，育児不安，虐待，不登校，引きこもりなどの問題にも発達的な視点から関わっています。臨床心理士が人間の心の問題にアプローチする専門家であるのに対し，臨床発達心理士は発達の問題に特化している点で少し違っています。しかし，現在のところ，子育て支援や発達支援の分野においては，臨床発達心理士も臨床心理士も発達と心の専門家として同じようなフィールドで活躍しています。

● 療育における臨床発達心理士の仕事

　臨床発達心理士の活躍の場の1つに療育があります。療育とは，言葉の発達や身体機能，社会性の発達に遅れがあるために，生活に困難を抱えている子どもたちのためのトレーニングの場です。療育は集団・個別の訓練や遊びの中で個別の発達的課題となっている能力を伸ばしていき，トラブルや日常生活での困難さを軽減していきます。療育での活動の種類は子どもたちそれぞれの発達のでこぼこや日常生活の苦手さの内容によってさまざまです。したがって，療育活動は心理士だけでなく，保育士・言語聴覚士・作業療法士・理学療法士などと協力して支援していきます。まず，臨床発達心理士がアセスメントのための検査を実施し，それぞれの子どもの苦手なことは何かの課題を見つけます。低年齢の子どもたちの場合は保護者からの聞き取りも含めてアセスメントしていきます。その結果をもとにどのような支援がふさわしいかをさまざまな専門家の視点から分析し，短期的な目標と長期的な目標を立て，集団活動の計画や個別指導の課題を考えます。頻度は年齢や支援の回数，療育施設によりますが，支援を始めてからも，定期的に成長や療育の成果を確認する発達検査を実施し，新たな支援計画を立てることになります。

　支援計画が完成すると，その支援計画をもとに，集団活動の課題を考えたり，個別指導の内容を考えます。個別指導の内容を考える際には，その子どもの性格や好きなキャラクター，集中しやすい遊びもふまえて考えます。たとえば，小麦粉ねんどを使って，手先の器用さの訓練やイメージを膨らめて遊ぶ訓練をしたり，やりとりする力をつけるために買い物ごっこ

を設定したりします。中には体を動かすことが苦手な子もいるため、運動課題をより楽しくよりたくさん動く課題にする工夫もします。時にはその子の課題に合ったおもちゃを作ることもあります。療育に通う子どもたちは友達とトラブルになりやすい子も多いので、集団活動では仲間と協力する

ことや、ルールを守ること、勝敗を楽しむことなどを目的とした活動を考えます。子どもたちは療育の時間をとても楽しみにしていてくれます。時には活動が盛り上がらないこともありますが、楽しみながら発達の課題を克服していけるように、心理士同士で試行錯誤しながら、アドバイスや楽しい活動の提案をし合います。

　療育活動での成果や発達検査の結果は、保護者や子どもが通っている保育所・幼稚園、学校などの先生たちへの関わり方のアドバイスにも使います。直接話をすることもあれば、報告書にまとめることもあります。"こんな力がついた"は説明しやすいのですが、検査で通過できなかった項目の分析に苦労します。なぜできなかったのか、どうしたらその力をつけることができるのかは個々の子どもによって違いますし、状況によっても解釈が変わってきます。また、それを説明する際は心理士が一般的に使う言葉（たとえば"自他の分化"や"対象の永続性の理解"など）では伝わらないので、専門家でなくてもわかる、やわらかい言葉で伝えなくてはなりません。検査の解釈はとても難しい仕事です。特に報告書にまとめる際は誰が読んでもわかるように、誤解を生むような表現がないように気をつけて作成します。

　同じように保護者と話す際も言葉や態度に気をつけなくてはなりません。カウンセリングマインドを忘れずに、しっかりとラポールを形成する必要があります。また、先にも述べたように、療育活動は心理士以外の専門家と連携しながら行っていくので、検査の熟達度や心理学の知識、子どもとの関わり方だけでなく、コミュニケーション力や連携をとっていく力や周囲の意見を調整する力も求められると思います。

　子どもたちは私たちがエネルギーをかけて接するとその分"成長"という形で反応してくれます。それが実感できたときに、臨床発達心理士として子どもの発達に関われることをとてもうれしく思います。

第4章

児童心理学

活かせる分野

　わが国の学校教育法では，小学生を「学齢児童」と呼び，日常的な場面でも，「児童」「児童期」というときには小学生をさすのが一般的です。本章でも，おおむね小学校入学から卒業の頃までを念頭に置いて，その時期の子どもの特徴を述べていきたいと思います。

1節　「児童期」の誕生

　「子ども」あるいは「児童」という"ものの見方"が世間に定着したのは，19世紀後半から20世紀にかけて子どもを取り巻く環境が急激に変化し，「子ども」という存在が大人とは一線を画するものとして意識されるようになった頃だといわれています。20世紀が「児童の世紀」と呼ばれるのはそのゆえんでしょう。わが国でも状況はほぼ同じだったと考えられています。明治維新を迎えてさまざまな物事が輸入され，とりわけ「学校」ないし「教育」という仕組みが本格的に導入されたことが，「子ども」という時代を特別なものとみる見方を生むきっかけとなりました。大人や社会の期待する子どもの発達像が明確化され，それを目標に，子ども時代に学ぶべきこと，身につけるべきことを科学的知見に基づいて学ぶという教育体制が，こうしてできあがっていったのです（野上，2008）。

2節　学校文化への参入

1.「学校」という異文化への参入

　子どもにとって小学校という場は，学校という仕組みへの初めての参入を意味します。遊びが活動の中心であった幼稚園や保育所とは異なり，小学校では学習指導要領で定められた教科の学習達成を目指す授業を毎日受けることとなります。机と椅子が整然と並んだ教室という空間で，始業のチャイムを合図に時間割にそって展開される授業を受ける生活が始まり，授業中は特別な場面以外はおしゃべりをせず，じっと座っていることが求められます。授業では，教材や学習材など，その文化に根ざした道具が使われ，子どもと教師の関わり方も就学前とは大きく変わります。テストの成績などを物差しにして，個々の子どもを評価するというシステムも小学校で初めて経験されるものです。

　以上のような変化は，子どもだけでなく，親にも大きなインパクトをもたらします。そのため，児童期の始まりを「文化間移行」と位置づける研究者もいるほどです（秋田，2012）。

2.「小1プロブレム」とは何か

　上述のとおり，小学校という場にはそれまでと質的に異なる面がたくさんあります。1990年代頃から，そうした環境の変化に対応できず，教師の指示に従わなかったり，授業中に歩き回って教室の外に出ていってしまったりする子どものいることが相次いで報告され始めました。このような現象は「小1プロブレム」と呼ばれますが，その背景には，環境の変化への適応の問題だけでなく，発達障害のような個々の子どもの抱える事情も潜んでいることが考えられます。しかし全体としては，ある程度まとまった時間，座った状態で人の話を聞くことや，その間，友達とのおしゃべりを抑制することなどへの耐性が低くなっており，そうした生活習慣が就学前に十分に修得されていない子どもが増えているという指摘もあります。

　幼稚園・保育所から小学校への環境移行の垣根を低くする取り組みとして，2010年頃から各地で具体的な幼保小連携プログラムが導入されるようになってきており（酒井・横井，2011），今後の成果が待

たれるところです。

3節　認知的発達と学業

1. 児童期の認知的発達

　小学校の時代はめざましい認知発達が認められる時期で、授業内容もそうした変化にある程度対応したものとなっています。これに関連して、ピアジェ（Piaget, J.）は、小学校低学年から高学年に相当する7～11歳頃を具体的操作期と命名し、7歳頃を境に、目に見える具体的な事物に基づき論理的に物事を推理・説明することが可能になることを明らかにしました。ピアジェの考案した課題としてたいへん有名な「3つの山」問題を例にあげましょう（図4-1）。

【「3つの山」問題】
　この課題では、子どもに図のような模型の周囲を歩かせた後でAの位置に座るよう指示し、自分の位置から山がどう見えるかを尋ね、続いてB, C, Dの位置にいる人形からではそれがどう見えるかを想像して答えるよう言います。

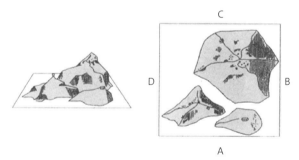

▲図4-1　ピアジェの「3つの山」問題 (Piaget & Inhelder, 1948)

　ピアジェによると、具体的操作期の前の段階にあたる前操作期の子どもは、自分の位置からの見え方と人形の位置からの見え方が同じだと答えてしまいます。しかし、7歳頃になると徐々に人形の視点に立てるようになり、8～9歳頃になると、A～Dのいずれの位置に人形が座ったときでも、正確に想像して答えられるようになるといいます。前操作期の子どもは自分を他者の視点に置き換えることができないと

第4章　児童心理学　79

いう点で，自己中心的なものの見方をするのだとピアジェは考えました。

2．注目を集めるワーキングメモリ

　子どもの事物のとらえ方は小学校低学年頃に大きな転換期を迎えますが，これに関連して最近，注目を集めているのがワーキングメモリです。ワーキングメモリとは，ある情報を心の中に短時間，保持し，それを処理する能力のことをいい，バデリーとヒッチ（Baddeley & Hitch, 1974）が提起したモデルでは，以下の言語的ワーキングメモリ，視空間的ワーキングメモリ，中央実行系の3つの要素が想定されています。

　　<u>言語的ワーキングメモリ</u>：単語や文章，数字などの情報を保持する力
　　　と関係が深い。
　　<u>視空間的ワーキングメモリ</u>：ある種のイメージや絵，位置情報などを
　　　保持する力と関係が深い。
　　<u>中央実行系</u>：注意を制御したり，必要な情報を処理・更新したりする。

　教科書に書かれている文章を間違えずに音読したり，計算問題を解いたり，あるいは板書された文字を手際よくノートに書写するなど，学校の授業ではこのワーキングメモリを必要とする場面がいくつもあります。そのため，ワーキングメモリの力が不十分な子どもは授業についていくことが困難となり，それが学校生活への不適応にもつながる可能性があります。最近では，このワーキングメモリに特化した学習支援プログラムの開発も始まっており，その成果に期待が寄せられています（湯澤ら，2015）。
　さらに，ワーキングメモリが十分でない子どもは，「授業中はおしゃべりをしないように」といった教師の注意を心の中に留めておくことが難しいために，すぐおしゃべりを再開してしまったり，友達とのコミュニケーションにも支障が生じやすいなどして，教師や友達から問題児扱いされやすいという指摘もあります。

3.「9歳ないし10歳の壁」

　小学校中学年以降は，分数や小数，余りのある割り算，文章問題など，抽象度の高い学習内容への転換が急速に進みます。子どもの中にはこうした変化にうまく対応できず，学業面に問題を来たす者が多数現れることが従来から指摘されてきました。これは，「9歳ないし10歳の壁」と呼ばれます。この時期，あるいはその数年先までがピアジェのいう形式的操作期に相当し，仮説的，抽象的な状況でも論理的に物事を考えられるようになっていくことが知られています。しかし，そうした能力の発達には個人差が大きく，同じ年齢でも授業の理解がスムーズにいく子どもとそうでない子どもがいます。頭で考えることに抵抗がある子どもには，具体的な事例を適宜，教材に導入するなどの工夫が功を奏する場合もあります。

　なお，この「9歳ないし10歳の壁」は，主として学業面におけるハードルをさしますが，後述のとおり対人面や自己理解の発達における困難にもつながっている可能性があります。

4. 改めて児童期とはどのような時代か

　かつてエリクソン（Erikson, E. H.）は，自身の心理社会的発達理論の中で,児童期を「勤勉性」の時期と位置づけました。それによると，この時期は，社会に生きる自分を意識しつつ，何かを知りたい，何かを学びたいと強く願い，進んでそれらを学ぶよう自分を方向づけていくことが重要な発達課題となります。エリクソンは，この発達課題につまずくと「劣等感」を抱くこととなり，このせめぎ合いの中で子どもは有能感(コンピテンス)を獲得していくのだと考えました。

　学校という場においてはまさに，定められたことを根気強く学び，自分の知識として蓄積していくことが求められます。また，後述する道徳性や向社会性をはじめ，仲間や友達と適切な関係を築き適応的な集団生活を送っていくために必要なさまざまな能力もこの時期に大きく成長を遂げます。当然ながら，してはいけないこと，すべきことを適切に制御,調整する力も求められます。エリクソンのいう「勤勉性」は，そのように社会から期待される活動を忍耐強く習慣的に営むことをさし，小学校とはまさにそのような力を養う場として機能している

のだと考えられます。

4節　対人関係の特徴と社会性の発達
1. 友達選択の基準

　児童期の子どもはいったいどのような相手を友達として選ぶのでしょうか。その基準としてよく知られているのが，以下の4つです。

　　①相互的接近　　②同情愛着　　③尊敬共鳴　　④集団的協同

　児童期ではこのうち，①，②，③などが友達選択の主な基準となることが知られていますので，詳しくみていきましょう。
①**相互的接近**　互いの家が近い，教室で席が隣同士であるなど，そもそも相手が物理的に近い距離にいて関わりやすい条件にあることをいい，小学校以前では，この相互的接近が友達関係の成立に大きく影響します。
②**同情愛着**　小学校低学年から中学年頃に影響力が強まります。おもしろい，かわいい，親切でやさしいなど，周囲から好意的な評価を得る者が友達としてよく選ばれるというものです。
③**尊敬共鳴**　小学校中学年から高学年になると，尊敬共鳴も友達の選択基準となり始めます。勉強がよくできる，いろいろなことをよく知っている，性格や意見が合うなどがこれに該当します。

　全体に，児童期の前半から後半にかけては，外面的なことから次第に内面的な事柄を基準にした友達関係へと移行していく点が特徴です。内面的な特性が友達関係の成立に影響を及ぼすようになっていくことの背景には，他者を見るときに相手の内面へと自然と目が向くようになっていくことが考えられます。セルマン（Selman, 1981）は，これを社会的視点取得と呼び（わが国では，役割取得能力と呼ばれることもあります），その発達水準と友人関係との間には対応があるとして，5段階に分けて示しました（表4-1）。
　表4-1を見ると，水準2においても，自分の視点を相手の立場からとらえたり，自分を相手の立場に置き換えて相手の視点を予測した

▼表4-1 社会的視点取得と友達関係 (Selman, 1981)

社会的視点の協応に関する発達水準	二者間の親密な友人関係の理解の段階
水準0：自己中心的または未分化な視点（3〜7歳） 　自分の視点と他者の視点を区別できない。	段階0：一時的・物理的な遊び仲間 　近くに住んでいて，一緒に遊ぶ人を友人と考える。
水準1：主観的または分化した視点（4〜9歳） 　自分の視点と他者の視点が同じか違うかを理解する。それぞれの人の心的状態の独自性に気づく。	段階1：一方向的な援助 　自分が成し遂げたいことをしてくれる人や，好き嫌いを知っている人を友人と考える。
水準2：自己内省的または相補的視点（6〜12歳） 　第二者的な視点をとることができ，他者の視点に立って自分の考えや感情を内省したり，他者の考えや感情を評価したりすることが可能になる。	段階2：順調なときの協同 　相補的な視点をとることで自分や他人の好き嫌いをそれぞれに調整できるが，その相補的関係は場面に限定されており，葛藤が生じるような場面でも維持されるものではない。
水準3：第三者的または相互的視点（9〜15歳） 　個人間の相互作用の外側の視点から，複数の人の視点を同時に関連づけることが可能になる。第三者的な視点をとることで，人間の諸観点や自他の関係における相互性に気づく。	段階3：親密で相互に共有された関係 　友人としての関係の持続性と感情のきずなに気づく。友情によって親密性や相互の援助が発達し，個人的な問題も共有する。一方で，過度の排他性や独占欲の強まりが問題になることがある。
水準4：社会に関する，または詳細な視点（12歳〜成人） 　複数の視点を，同時に多次元的でより深いレベルにおいても相互に関連づける。人々の視点はネットワークをなしているとみなされ，それらが社会的視点や，法的・道徳的視点として一般化される。	段階4：自律的で相互依存的な友人関係 　独立感情（パートナーが他の人々とつながり成長することを許容する）と依存感情（相互の依存によって心理的な援助や心強さ，自己同定の感覚を得る）を統合する能力を各パートナーがもつことで友情は発展し続ける。

りするなど，互恵的な視点取得が可能です。しかし，互いの視点が食い違うなど葛藤が生じると，それを統合できず友人関係が崩れやすいという特徴があります。小学校中学年から高学年になると水準3の子どもが徐々に現れ始めます。この段階になると，自分と相手の二者を超えて第三者の視点から自分たちを見ることができるようになります。このことにより，複数の人物の視点を同時に想定し，それらの視点同士の関係性を念頭に置きつつ，それらを調整できるようになります。この段階になると，友情に基づく親密性が感じられるようになり，個人的な問題も相手と共有するようになりますが，その反面，友人以

外の他者を過度に排除するといったことも起こりがちです。

2. 愛情のネットワーク理論

　児童期は，友達との関わりに対する比重がますます大きくなっていく一方で，家族との関わりが少なくなっていく時期でもあります。しかし，この変化は，そう単純な図式では表せないという見方もあります。高橋（2010）は，複数の重要な他者を子ども自身が主体的に選択しながら複雑な対人ネットワークを構成していると考えるのが妥当と考え，「愛情のネットワーク理論」を提唱しています。それによると，私たちは普段，他者を必要としたり他者にそばにいてほしいと思ったりする場面をさまざまに経験していますが，最も必要と考える相手は，場面により常に同じとは限らないといいます。卑近な例でいうと，悩みごとを真っ先に相談したい相手とうれしいことを一番に報告したい相手は同じというわけではない，というようなことです。

　これに関連して高橋は，場面に応じて誰を重要な相手として選ぶかを，絵画による図版を使って明らかにする「PART（Picture Affective Relationships Test）」という尺度を開発しています。この尺度では，A．近接，B．情緒的支え，C．行動・存在の保証，D．激励・援助，E．経験・情報の共有，F．養護，の6種類の心理的機能を取り上げ，それぞれ3場面ずつ計18場面が描かれた図版を提示して，誰を最も強く求めるかを尋ねます。図4-2は，小学生版PART（男児用）の図版の一部で，図4-2の（1）では，外で遊ぶときに一緒に

(1) 外遊び

(2) ケガ　　　　　　©高橋惠子

▲図 4-2　PART（小学生女児版）で用いられる図版例（高橋, 2002）

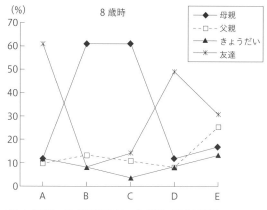

注）A（近接），B（情緒的支え），C（行動・存在の保証），
D（激励・援助），E（経験・情報の共有）をそれぞれ表す。

▲図 4-3　8 歳齢を対象とした PART の結果（高橋，2010）

遊びたい人物（A の近接）を，図 4-2 の（2）では，けがをしたときに最も近くにいてほしい人物（C の行動・存在の保証）を尋ねます。

図 4-3 は，8 歳の児童を対象に行われた PART の結果を表したものですが，近接や激励・援助に関しては親より友達のほうが点数が高い一方で，情緒的支えや行動・存在の保証では，親のほうが点数が高いことがわかります。

3．社会性の発達

　子どもは，ともに学んだり遊んだりして親密に友達と触れ合うことを通して，対人関係を形成し維持していくのに必要とされるさまざまな力，すなわち社会性を身につけていきます。また，そうした社会性を身につけることが，円滑な友達関係の維持や，いっそう適応的な集団生活にもつながっていきます。

　児童期の子どもが身につけるべき重要な社会性の 1 つとして考えられるのが道徳性です。特に，集団生活を送るうえでは何がすべき（すべきでない）ことで，何が許される（許されない）ことなのかを評価・判断できることが重要です。ピアジェは，そうした評価・判断に関しては，10 歳頃に 1 つの節目があり，他律的な段階から自律的な段階へと移行すると考えました。他律的な道徳性とは，大人が決めたこと，大人に言

われたことは常に正しいとする考え方をいいます。一方，自律的道徳性とは，決められた規則やルールを尊重しつつも，自ら考え，場合によっては仲間の合意も得ながら柔軟に変えることもよしとする考えです。

　ピアジェはさらに，善悪判断を行う際にも，8〜9歳頃に1つの境目があり，結果論的判断から動機論的判断への移行が起こると考えました。たとえば，以下の2つの場面を考えてみます。

> ①ジャンという小さい男の子が部屋の中にいました。食事に呼ばれたので，食堂に入っていきます。ところが扉の後ろに椅子があり，その椅子の上にお盆があって，お盆にはコップが15個のせてありました。ジャンはその扉の後ろにそんなものがあったとは知らないで，扉をあけましたので，コップは15個ともみんなこわれてしまいました。
> ②アンリという小さな男の子がいました。ある日，お母さんの留守中に戸棚の中にあるジャムを食べようとしました。そこで椅子の上に上がって腕を伸ばしましたが，ジャムは高すぎて手が届きません。無理に取ろうとしたときに，そばの1つのコップにさわったので，そのコップは落ちて割れてしまいました。

　この状況に対し，結果論的判断を行う子どもは，割ったコップの数に注目して，①のほうが悪いと考えます。一方，動機論的判断が行える子どもは，当人の意図を考慮して，②のほうが悪いと判断します。

　ピアジェの考えをさらに発展させたコールバーグ（Kohlberg, L.）は，児童期を含め，青年期以降までを視野に入れた独自の道徳性理論を展開しました。コールバーグは，以下に示すハインツの物語のようなジレンマ課題を提示し，登場人物の行為を認めてよいか，またその理由は何かを尋ねて，その結果をもとに道徳的判断の基準を3水準6段階に分類しました（表4-2）。

> 【ハインツのジレンマ課題】
> 　一人の女性がたいへん重い病気のために死にかけていました。特殊ながんでしたが，医者は，町の薬屋が最近見つけたある薬（ラジウムの一種）を飲めば，治る見込みがあると言いました。薬屋は，その薬を製造するのに要した費用（200ドル）の10倍もの値段（2000

ドル）でその薬を売っていました。女性の夫であるハインツは，あらゆる知人にお金を借りに行きましたが，薬を買うのに必要な費用の半分（1000ドル）しか集められませんでした。そこでハインツは，薬屋に妻が死にかけていることを話し，安く売ってくれるか，もしくは後払いで薬を分けてほしいと頼みました。しかし薬屋は，「だめだ。私は自分が発見したこの薬で金儲けをするつもりだから。」と言いました。ハインツは思いつめた結果，妻を救うため，ついに薬を盗みに薬局に押し入りました。

▼表4-2　コールバーグによる道徳性の発達段階（小嶋，1991）

段階	解説と，例話で「薬を盗んだのは正しい／間違っている」とする理由
	〈水準1　前慣習の水準〉
I	服従と罰への志向：罰せられることは悪く，罰せられないことは正しいとする。 「盗みは罰せられることだから，盗んだことは悪い。」
II	手段的欲求充足論：何か手に入れる目的や，互恵性（相手に何かしてお返しを受ける）のために，規則や法に従う。 「彼が法律に従っても，得るものは何もないし，また，薬屋に何かの恩恵を受けたこともないから，盗んでもよい。」
	〈水準2　慣習の水準〉
III	「よいこ」の道徳：他者（家族や親友）を喜ばすようなことはよいことであり，行為の底にある意図に目を向け始める。 「盗みは薬屋はもちろんのこと，家族や友人を喜ばすものではない。しかし，いのちを助けるために盗んだのだから，正しいと思う。」
IV	「法と秩序」志向：正しいか間違っているかは，家族や友人によってではなく，社会によって決められる。法は社会的秩序を維持するために定められたものであるから，特別の場合を除いて従わなければならない。 「法を破った点では，彼は悪い。しかし妻が死ぬかもしれないという特別の状況にあったのだから，完全に悪いとは言い切れない。」
	〈水準3　脱慣習の水準〉
V	「社会契約」志向：法は擁護されるべきであるが，合意によって変更可能である。法の定めがあっても，それより重要なもの（人間の生命や自由の権利など）が優先される。 「生命を救うために，彼が薬を盗んだのは正しい行為である。」
VI	普遍的な倫理の原理：生命の崇高さと個人の尊重に基づいた，自分自身の原理を発展させている。大部分の法律はこの原理と一致しているが，そうでない場合には，原理に従うべきである。 「生命の崇高という普遍的な倫理の原理は，どのような法律よりも重要であるから，彼が薬を盗んだのは正しい。」

注）表では，「盗んだのは正しい」，あるいは「間違っている」とする一方の場合の理由づけの例を示している。しかし，逆の判断にともなう理由づけも，それぞれの水準について同様に成り立ちうる。理解しやすくするために用語を変えたところがある。

山岸（1995）によると，小学校高学年になると第Ⅰ，第Ⅱ段階の回答にまじって第Ⅲ段階の回答が表れ始め，他者の視点や周囲の期待に沿った判断ができるようになるといいます。コールバーグの理論はその後さまざまな場で追試され，文化差や性差についての検討も多数行われましたが，必ずしも結果は一致せず，今も議論が続いています。また，ピアジェやコールバーグの理論では，主に法や罰，規則，権威，責任などに焦点化した判断に目が向けられていますが，向社会的な観点をふまえた道徳的判断の発達についても調査が進められるようになりました。

　その中でアイゼンバーグ（Eisenberg, 1986）は，以下に示すボブの物語のように，法や規則といったこととは無関係なジレンマ課題を提示し，どうすべきかの判断とその理由を尋ねて，その結果から，向社会的判断の発達過程を示しました（表4-3）。

　【ボブのジレンマ課題】
　　水泳選手のボブは，体に障害があって歩けない子に水泳を教えてほしいと頼まれました。水泳の練習をすれば歩けるようになるかもしれないといいます。でも，この子に水泳を教えるとなると，ボブには自分が練習する時間がほとんど残らなくなってしまいます。ボブはもうすぐ開かれる大会に備えて十分な練習をしたいと思っていましたし，その大会で勝たないと，大学へ行くための奨学資金や賞金も手にできなくなります。

　アイゼンバーグの分類を見ると，レベルが上がるにしたがって，自分の利益よりも他者の立場に立つことに力点が置かれるようになり，最終レベルでは内面化された価値や規範が基準として大きくなっていくことがわかります。児童期では，レベル2と3が多く，一部でレベル4aも見られることが知られています。

　以上の向社会的行動と関連して，その背景にある共感性の発達の影響を指摘する研究者もいます（Hoffman, 2000）。共感性は，認知的側面と感情的側面の2つから構成されているといわれており，相手の視点や気持ちに気づくこと（認知），そしてその視点や気持ちを自分も感じること（感情）が，向社会的行動を生み出すと考えられています。

▼表4-3　向社会的判断の発達（Eisenberg, 1986）

レベルとおおよその時期	概　　要
レベル1「快楽主義的・自己焦点的指向」 （就学前児や小学校低学年）	道徳的な配慮よりも自分に向けられた結果が中心的である。 「お礼がもらえるから，教えてあげるべきだ。」
レベル2「要求に基づいた指向」 （就学前児と多くの小学生）	他者の要求が自分の要求と対立するときでも，他者の身体的・物理的・心理的欲求に目を向ける。 「悲しむだろうから，教えてあげるべきだ。」
レベル3「承認およびステレオタイプ的な指向」 （小学生の一部と中・高校生）	良い・悪いというステレオタイプ的なイメージ，他者からの承認や受容が重要となる。 「教えてあげることはいいことだから教えるべきだ。」
レベル4a「自己反省的な共感的指向」 （小学校高学年の少数と多くの中・高校生）	同情的な応答や役割取得（相手の立場に立つこと），他者の人間性への配慮などが重要となる。 「かわいそうだから，教えてあげるべきだ。」「自分が相手の立場だったら教えてほしいから。」
レベル4b「移行段階」 （中・高校生の少数とそれ以上の年齢）	内面化された価値や規範，責任性，個人の尊厳，権利や平等について不明確ながらも言及する。 「教えてあげたら気分がいいから。」「その子の障害の程度がひどくなったら後悔するから。」
レベル5「強く内面化された段階」 （中・高校生の少数，小学生にはみられない。）	内面化された価値や規範，責任性，個人の尊厳，権利や平等についての信念に基づく回答を行うようになる。自分自身の価値や受容した規範に従って生きることにより，自尊心を保つことに関わるプラスまたはマイナスの感情をもつことも特徴的である。 「教えてあげる義務があるから。」「困っている相手にも生きる権利があるから。」

5節　自己理解

　小学校中学年から高学年頃にかけては，他者とのさまざまな関わりを通じて自分を相対的かつ客観的に見つめること，すなわち「社会的比較」を行う機会が増えます。さらに，そのことは自己理解を深めることにも関係します。自分には何ができるか，自分の持ち味は何かを友達との比較において考えることができるようになり，「〇〇は友達よりも下手だが，△△なら自分のほうが得意だ」といった視点で自己を理解するようになっていきます。

　ただしこの時期には，自尊感情が著しく低下していくことも知られています（古荘，2009）。その背景には，自分がこうなりたいと思

う自己(理想自己)と実際の自己(現実自己)のズレが意識されやすいことが考えられます。そのため,「どうせ自分は何をやってもだめだ」というような見方(学習性無力感)が固定しないような周囲からの働きかけが大切だといえます。特に,発達障害など周囲の友達とは異なる特性をもった子どもは,自分を否定的に捉える傾向があります。周囲はそのような子どもに対して,十分な配慮をもって適切な支援を行っていくことが望まれます(宮地・小島,2013)。これに関連して,障害をもった子どもの場合,できないことを人に頼ることが重要だという指摘もあります(笠間,2011)。

6節 児童期に特有のさまざまな問題
1. 犯罪に巻き込まれる心配

　小学校に入学すると,親を間に介さず自分で友達と約束して子どもたちだけでどこかへ出かけたり,1人で自転車に乗って習い事や塾へ行ったりする機会が増えます。しかし,こうしたことは犯罪に巻き込まれる危険性を高めるとも考えられます。実際,略取・誘拐のような犯罪には,小学生が最も巻き込まれやすいという指摘があります。

　清水(2010)は,子どもがこうした犯罪に巻き込まれやすいことの背景について興味深い研究を行っています。この研究では,絵を交えてある物語を子どもに語って聞かせます(図4-4)。そして,危険回避(知らない人に誘われても決してついていかない)と向社会性(困っている人を助けてあげる)のジレンマ状況において子どもがどのような行動をとるか,またそうする理由も尋ねます。図4-4の例では,「ついていかないし,道も教えてあげない」とする回答が半数近く(49.1%)と最も多く,「ついていかないが,道は教えてあげる」とする回答も3割近く(27.8%)にのぼりました。この結果は,ある程度の危険回避能力が小学生にも備わっていることを示しています。

　しかし清水は,状況をいっそう細かく設定した別の課題も行っています。すなわち,自分も駅に向かっている状況(一致状況)で道案内の依頼を受けるのと,自分は駅と反対方向の家に向かっている状況(不一致状況)で道案内を受けるのとで結果が異なるかを比較しました。

| ある日，○○ちゃん（対象児の名前）はお母さんと歩いていたのですが，途中でお母さんとはぐれて迷子になってしまいました。それで，今お母さんを探して道を歩いています。 | そこへ，車に乗った男の人がやってきて，「すみません，駅に行く道がわからないので，いっしょに車に乗って，駅に行く道を教えてくれませんか？」と言いました。○○ちゃんは，何度も駅に行ったことがあるので駅に行く道はよく知っています。 |

▲図4-4　危険回避と向社会性のジレンマ課題の一例（清水，2010）

そして，一致状況では，小学生でもついていく子どもの割合が高くなることを示しました（清水，2010）。自分の欲求と相手の欲求が一致している（自分もたまたま相手と同じ方向に行こうとしている）状況では，警戒心が緩み，犯罪に巻き込まれる可能性が増すことが考えられます。連れ去りのような犯罪被害に遭わないよう子どもに教育を行う際には，児童期の子どもに特有のこうした認知的特性も念頭に置いておく必要があるでしょう。

2．発達障害

　小学校に入学すると，それ以前よりも，周囲と異なる特徴をもった子どもに注意が向かいやすくなり，親も教師も，発達障害などの診断名に敏感に反応するようになります。文部科学省が行った調査によると，小中学校の通常学級では，6.3％の子どもが学習ないし行動面において困難を抱えていることがわかっています（文部科学省，2002）。これをうけて2004年には発達障害者支援法が成立し，早期の時点で発達支援のための体制を整備するよう要請が行われ，2007年には学校教育法改正により特別支援教育が法的に位置づけられました。さらに，2014年には「障害者の権利に関する条約」が批准され，障害の種類や程度で学校や教室を制限せず，いかなる子どもも等しく同じ場で学ぶことが目指されることとなりました。こうして，特別支援学校と他の教育機関，あるいは学校内の支援学級と通常学級とのつ

ながりや交流を図るための取り組みが積極的に進められています。これに関連して,「合理的な配慮」を求める姿勢が強まり,環境のバリアフリー化やユニバーサルデザインの導入など,特別な配慮が必要な子どもに適確な教育が提供できるよう環境整備を行うことも義務化されました。

当然ながら,以上のような動きにともない,教職員の専門性の向上もますます求められるようになり,特別支援教育やインクルーシブ(包容する)教育など,発達に障害のある子どもへの支援の重要性が叫ばれるようになっています。

3. 不登校

不登校の問題に注目が集まるようになったのは,1980年代以降のことです。一般的には,年度内に30日以上欠席した場合に不登校とみなされ,その割合は学年が上がるにしたがって上昇することが知られています。不登校は,先の発達障害との関連のほか,このあと述べるいじめ,あるいは貧困の問題との関連も指摘されており,これらの要因が複合的に作用して問題を生み出している可能性があります。

不登校問題は,抑うつの発症との関連も指摘されており(大対ら,2013),子どもを取り巻く背景をていねいに理解し,心理的な要因を解きほぐしていくことが不可欠です。あわせて,そうした問題に取り組むことができる専門的知識と経験のある専門家の要請も急務となっています。

以上の不登校問題に関連して,1980年代後半以降,居場所がない子どもたちを対象とした居場所づくりの必要性が指摘され始め,文部科学省は,2004年に「子どもの居場所づくり新プラン」を提唱して,適切な居場所を用意する計画を発表しました。ただ,何をもって「居場所」と考えるかにはさまざまな意見があります。特定の場所そのものをさすだけでなく,本人がほっとでき本来の自分が取り戻せること,あるいはその感情自体を居場所(あるいは居場所感)という場合もあります。居場所の機能をどう定量化して示すのか,測定の仕方も依然として定まっておらず,小学生を対象とした居場所研究は今後ますます必要となってくるでしょう(西中,2014)。

4. いじめ

　学年が進んで思春期の始まりが近づく頃になると，同調，すなわち「同じであること」に対する周囲からの圧力が加わりやすくなり，これに関連して，異なるものを排除しようという動きも顕著になります。さらに，すでに述べたとおり，この時期は自尊感情が低下しがちなため，自分が優位であることを周囲に見せようとして他者をおとしめたり見下したりする動きが広がりやすくなります。いじめは，このような背景もあって小学校高学年から中学生にかけての時期に増えていくのだと考えられます。

　いじめは，まぎれもなく攻撃行動の一種ですが，学年が上がるにしたがい，身体的攻撃や言葉によるからかいなど比較的目につきやすいもののほか，相手を無視する，相手を孤立させるなど，周りから把握しづらいものもみられるようになってきます（関口・濱口，2015）。森田（2010）は，いじめは関係性の病理だと指摘しており，被害者と加害者という単純な構図ではなく，見て見ぬふりをする傍観者や，はやしたてたりおもしろがったりする観衆の存在も含めた集団全体のダイナミクスをふまえた理解や対応が必要だといいます。教師をはじめ現場の関係者には，学級全体をよく見渡しながら，わずかな手がかりを見逃さずに対応することが求められます。

5. 貧困

　子どもの貧困は，最近，わが国で大きな問題となっています。特に，経済的な困難ゆえに，平均的な家庭であれば問題なく手に入れることができる物品や経験が得られない「相対的貧困」は，厚生労働省による「国民生活基礎調査」によると，16％台，すなわち6〜7人に1人がこれに該当し，単親家庭ではその割合が50％に達しているといいます（図4-5）。貧困は学力にもおおいに影響し，その後の人生を大きく左右する可能性をもつため，貧困の連鎖を懸念する声が広がりつつあります。最近は，学力保障の一環として，リスクを抱えた家庭への学習支援の取り組みが進められています。今後さらに，多くの関係機関が連携し，そうした子どもたちの発達支援に関わっていくことが求められています。

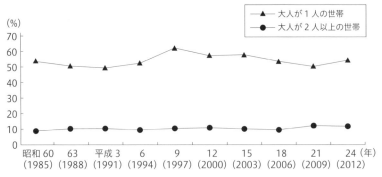

▲図 4-5　わが国の相対的貧困率の年次推移（内閣府，2014 より作成）

6．児童虐待

　児童虐待は，統計を取り始めた 1990 年度から，一度も減少することなく増加の一途をたどっており，2016 年 8 月に厚生労働書が速報値として発表したデータによると，2015 年度に全国の児童相談所が対応した虐待件数は，ついに 10 万件を超えました。虐待は，殴る，蹴る，激しく揺さぶる，やけどを負わせる，一室に拘束するなどの「身体的虐待」，性的行為，性器を触るまたは触らせるなどの「性的虐待」，家に閉じ込める，食事を与えない，重い病気になっても病院に連れていかないなどの「ネグレクト」，言葉による脅し，無視，子どもの目の前で家族に暴力をふるう（ドメスティック・バイオレンス：DV）などの「心理的虐待」の 4 つに分類され，このうち最も件数が多いのが心理的虐待です。

　児童虐待防止法には，以下の 2 点が明記されています。

　　①発見しやすい立場にある者はそのことを自覚して早期発見に努めなくてはならない。
　　②発見した者は速やかに児童相談所等に通告しなくてはならない。

　しかし，ネグレクトや心理的虐待などは周囲から見えづらい面もあり，実際には統計データのほかに水面下で多数の虐待があるのではないかと考えられています。

　虐待の背景には，先の貧困や夫婦間の不和，単親家庭や複雑な家庭

（再婚家庭，複数の男性の出入りがある家庭など）などがあるといわれています。また，子どもの気質や不注意・多動傾向など子ども自身の行動面の特徴が虐待の引き金になるケースもあります。虐待を受けた子どもは，学業面はもとより対人面においても問題を生じやすく，社会性の発達が未熟なために友達に対して攻撃的であったり，教師に対しても挑発的であったりするケースが知られています。周囲は，家庭背景にも十分注意を払いながら，虐待の早期発見に努めなければなりません。

7. 抑うつ

同じく，最近よく取り上げられる問題に，子どもの抑うつがあります。子どもにも抑うつがあることは，アメリカでは 1970 年代頃から知られていましたが，日本で取り上げられるようになったのは最近のことで，「見逃されてきた重篤な疾患」とさえいわれます。

一般には，生物的要因と家庭要因の相互作用が抑うつに作用するといわれています。たとえば齊藤ら（2016）は，注意欠陥や多動の傾向が強い子どもの場合，母親が温かい態度で接することができなくなるケースが多く，その結果として子どもの自尊感情が低下し，抑うつ傾向が高まるというモデルを提示しています。竹島・松見（2015）もまた，母親によるサポートが十分にあれば，子どもの抑うつはある程度は避けられると述べています。

児童期の最大の特徴は，「学校」という場への参入を通して，自分が生きていく社会に適応していくのに必要な多くの知識とソーシャルスキルを身につけていくことといえます。学校での授業などを通して学ぶ知識もそうですが，友達をはじめ家族以外の多様な他者との関わり合いを主体的に求め，社会で生き抜く力を蓄えつつ，複雑な対人関係の中に自らを位置づけ，自分を大事に思う気持ちを養っていくことも大きな課題です。

一方で児童期は，本文でも紹介したように，さまざまな困難に直面しやすい時期でもあります。特に昨今は，発達障害や貧困などが問題の背景に潜んでいるケースも増えてきており，適切な知識と技量を兼ね備えた専門家の存在が欠かせないものとなっています。その点でも，心理支援者の育成は社会的な急務事項といえるでしょう。

小学校教員

　教師の仕事は，学習指導と生活指導（生徒指導）を軸として，児童生徒が学校生活を送っていくうえで起こりえることすべてに関わっているといえます。学校生活や学習にうまく適応できていない場合はもちろんのこと，適応できている子どもも含めて，一人ひとりの発達や状況・特性を理解して環境を整え，集団にまたは個々に働きかけていくことが教師の仕事の中心です。

● 適応を支援するということ

　小学校段階において考えてみると，入学する子どもたちにはそれまでのそれぞれの思いや都合が優先されていた環境から一変した，それらはほとんど認められない集団のルールと目的が明確な学校・学級という集団環境に適応することが求められます。このことにうまく適応できないがために登校渋りや教室からの飛び出し，他者への攻撃的な行動などの症状を見せる子どもも少なからずいます。こんなときこそ，環境を含めた子どもの発達の状況をていねいにみて，乗り越えさせるべきものを見据えた関わりが必要になります。小学校に入ったのだから「こうするべきだ」という教師側の一方的な思いによる指導は，当の子どもはもちろん，教師が自らを追いつめることにもつながりかねません。どこにどんなギャップがあるのか，乗り越えられない状況をていねいに読み解くことで問題を解決の方向にみていくことができます。

　また，小学校卒業段階になると，思春期特有の問題も考慮しなくてはなりません。特に精神面での男女差が顕著に表れる時期でもあります。最近，この差が特に大きくなっている傾向があり，加えて固定化されているようでいて，流動的なグループや人間関係という現象もまた集団生活における指導の大きな課題になっています。教師自身が子どもたちの人間関係に飲み込まれないように，慎重な対応と予測をもとにした工夫ある指導が求められるところです。さまざまに対応策を立て，必要なところに確実に手を入れながら，このような状況を生んでいる要因を追究していくこともまた大切なことだと考えます。

　このように児童理解・発達の理解ということにおいて，発達心理学の知見は教師の職務を大きく支えるものであり，心理学の素養がなければ適切な児童理解はできないといっても過言ではありません。教師として知っておくべきことの重要な1つです。また，子どもの発達の道筋の中で目の前の子どもの状況を把握するということも大切なことであり，さらに個の問

題ととらえがちなさまざまなことも，環境や関係性の中で起こっていることを自覚し，集団の中のさまざまな関係性の中で一人ひとりを理解していくことも集団を指導する教師の専門性として大切なことです。

● 授業をつくるということ ─────────────

　児童理解は，生活指導上のものだけではありません。授業づくりにおいても重要な土台です。授業を通して教師は学習指導をしていくのですが，授業づくりは簡単にいえば，教材と子どもをどのように出会わせるのか，教師はその場を作っていく役目を負っています。子どもの理解が不適切・不十分であれば，子どもにとって教材との出会いがちぐはぐなものになり，学習が成立しません。ここでは，発達の理解とともに子どもはどんなふうに学んでいくのか，その学び方，わかり方，とりわけ頭の中・内面で起こっていること（認知・情報処理など）の理解が必要不可欠です。その視点をもって教材を分析，解釈し，子どもたちに身につけさせる学習内容をはっきりさせていきます。子どもの学び方・わかり方を理解し，学ばせ方を教師がきちんともつことによって初めてわかる授業づくりが可能になります。

　発達障害をもつ児童生徒が6％を超える割合でいるという状況の中，特別支援教育を含めたこれからの教育の方向性は教師により幅広い指導力を求めています。どの子にもわかる授業の追究はこれからますます重要になるでしょう。まさに，根拠をもって自らの指導行動をきちんと選択していける知識とスキルが教師に求められているといえます。

● 自己理解の大切さ ─────────────

　以上，2つの視点から教師の仕事と心理学の関係をみてきましたが，何より大切なことは，自己理解ということです。そのための知識やスキルも心理学から学ぶ必要があります。子どもの見方の傾向やよく使う言葉，もちやすい感情，こだわるところなどを客観的に理解して，子どもに対してとるべき指導行動を選択し，冷静にモニタリングしながら行動を起こしていくということが大切です。これができれば，体罰などの問題等も防げると考えます。

　学習指導も生活指導も子どもの理解と自己理解に基づいた信頼関係の上に立てば，いい流れといい結果を生むことができると確信しています。

特別支援学校教員

現場の声 11

　筆者は，名古屋市の特別支援学校で教員として働いています。これまでに，13〜15歳の子どもが通う中学部，15〜18歳の子どもが通う高等部の学級担任をしてきました。まずは，筆者のこれまでの子どもたちとの関わりを通して，感じたことや経験したことを中心に話をしたいと思います。

● 子どもたちとの関わりで大切なこと

　特別支援学校に通う子どもの多くは，相手の気持ちを考えたり，自分の気持ちを相手に伝えたりすることを苦手としています。声を発することができない子もいて，気持ちをうまく伝えられない憤りから癇癪（かんしゃく）を起こしたり，自分や他者をたたいたりしてしまう子もいます。また，異性と過剰に接触したがる子もいます。中には，社会的には認められない方法で他者の注意を獲得しようとする子もいます。

　そこで，特別支援学校の教員には，その子の実態を把握し理解することで，できることを増やしたり，社会的に認められる方法で相手に伝えることができるようにしたりするために，指導・支援することが求められます。子どもたちにとって，適切な他者との関わり方を学ぶことはよりよい社会生活を送ったり，就労し働いたりするうえで大切です。

　そこで，「どんな頻度で」や「どんな場面で」，さらには，「どんな方法で」など，いろいろな視点で子どもの行動を観察して，子どもの実態をとらえます。その他にも，成育歴や心理検査などの結果，医療機関での診断結果などいろいろな情報をもとに総合的・多角的に判断し，見立てること（アセスメント）が必要です。

　声を発することのできない子が気持ちを伝えられなくて，癇癪やたたくといった行動をすることがあるとき，それを抑制するためには，実態を把握することがより重要となります。

　実態を把握したうえで支援を行うときの有効な手段として，絵や文字で書いて視覚的に伝える方法があります。また，声は出ないが字を書くことができる子がいた場合，紙に書かせて気持ちを伝える方法を教えることもあります。中には，視覚的に伝えるより聴覚で情報を伝えたほうが伝わりやすい子もいます。

　このように，支援の方法は子どもの実態に応じて異なります。その子の実態に合った支援を見つけることは容易ではなく，筆者は毎日いろいろな方法を試しながら子どもたちと向き合っています。いろいろ試すうち，その子に合った支援の方法が見つかることがあります。見つかったら，その

方法をしばらく継続して行います。継続して行ったうえで問題が起きてしまったとき，支援の方法を見直して，よりよい支援の方法に改善していきます。子どもができるようになったときには，支援の方法や課題をステップアップさせます。そのとき大切なことは，いっきに難易度

を上げるのではなく，もう少しでできそうな難易度に設定すること（スモールステップ）が大切です。毎日の積み重ねで，「昨日できなかったことが，今日になったらできるようになった」ということもあります。継続した指導・支援が実を結ぶときが，子どもが成長した瞬間でもあります。この瞬間は，教員として何物にも代えがたいときです。

　障害のある子どもたちは，成長がゆっくりだといわれます。でも，少しずつ確実に成長しています。「あせらず，ゆっくり，着実に」これが，特別支援教育に必要なキーワードなのではないかと思います。

　次に，保護者との関わりの中で感じたことについて話をしたいと思います。

● 保護者との関わりで大切なこと

　学校での指導・支援だけでは，成長がみられないこともあります。そんなとき，家庭でも継続した指導・支援をお願いする場合もあります。そのためには，保護者との信頼関係を築き，理解を得て協力をしてもらうことは必要不可欠です。指導・支援を行っていく中で，保護者が気づいた改善点を試したところ子どもに成長がみられるようになったこともありました。

　そんな保護者の中には，子どもに障害があることを受け入れ切れない人や，子育てに疲れてしまっている人もいます。そこで，保護者に寄り添って気持ちを考える態度や，保護者の思いを受け止める心構え（カウンセリングマインド）が必要となります。保護者は，子どもの一番の理解者であり，学校教育における一番の協力者であることを理解し，よりよい関係を築いていくことが何よりも大切だと考えます。

　これからも特別支援学校の教員として，子どもたちを取り巻く人々と協力し，障害のある子どものよりよい成長に向けてよりいっそう努力していきたいと思います。

現場の声 12

児童心理司

● 児童心理司の仕事

　児童相談所とは児童福祉法に基づき都道府県や政令指定都市などに設置され，18歳未満の子どものさまざまな相談に応じる行政機関です。そこで働く心理専門職を「児童心理司」と呼びます。児童心理司（以下，「心理司」と略記）は，子どもや家族が抱える問題（たとえば，養育不安，発達の遅れ，不登校，非行，虐待，家庭内暴力など）がどのようなメカニズムで起こっているのか，どのような方法で改善していけばよいのかを観察や面接，心理検査などを通して明らかにします。そして，対応を助言するとともに，必要に応じてカウンセリングや，遊びや描画，身体活動など非言語的な手段を通した各種心理療法など問題の改善に向けた心理的援助を行います。時には，子どもが通う保育所や学校の関係者に対して心理的側面からアドバイスを行うこともあります。

　近年，児童虐待が深刻な社会問題となっています。児童相談所は虐待の通告に応じて状況を調査し，場合によっては子どもを家庭から離して一時的に保護したり，施設などに入所させたりする法的権限をもつ機関であり，大きな社会的役割を担っています。

● 仕事をするうえで大切なこと

①「子どもの福祉」の視点

　心理司として常に「子どもの福祉」の視点に立って問題への対応を考えるようにしています。たとえば児童虐待のケースで，保護者がしつけの一環で暴力を振るったと主張しても，子どもは保護者から受けた行為をどのように感じたか，子どもの心身の安全と成長に照らして適切なやり方なのかを保護者と一緒に考えます。そのうえで，暴力を使わずに子どもの能力や特性に合った養育を行うにはどのような方法がよいのかを粘り強く保護者と話し合っていきます。

② 強みや希望への焦点づけ

　問題点ばかりに目を向けるのではなく，保護者や子どものもっている長所，すなわち「強み」や，「こうなりたい」という希望に焦点を当てます。そのうえで，「強み」をより引き出すにはどうサポートしたらよいか考えます。心理司が一方的に指導・助言するのではなく，家族とともに考え，家族が自分たちに合ったやり方を見出して実行に移せるよう応援します。

③ チームワークと連携

　児童相談所の扱う問題は多岐にわたり，その性質も複雑なものが多いで

す。そのため，児童相談所の他の専門職や他の機関（学校や区・市役所，警察，裁判所など）の専門家とチームを組んで連携して仕事を進めていく必要があります。それには相手と上手にコミュニケーションをとる力が欠かせません。心理学の専門用語に頼らず，他の職種の人にもわかりやすい話し方を心がけます。他職種の立場や役割を十分に理解し，日々の仕事をねぎらい尊重する真摯な態度と，チームの一員として心理職にしかできない役割を確実に果たしていく責任が求められます。

④ 社会的養護の下で暮らす子どもへの支援

　家庭的な事情によって施設や里親など，いわゆる「社会的養護」の下で暮らす子どもたちへの支援は児童相談所が担う最も重要な仕事の１つです。心理司は施設などに訪問して子どもの話を聞いたり，施設内で心理ケアを行う心理療法士と連携して子どものサポートにあたりますが，生活をともにする保育士や里親などの相談に乗るのも子どもの支援につながる大切な仕事です。施設などで暮らす子どもの中には，発達が遅れていたり，情緒が不安定で集団適応や対人関係に深刻な課題を抱える子どもが少なくありません。子どもとの生活で感じるさまざまな気持ちを分かち合い，子どもと養育者がともに安心して生活していくにはどのような工夫ができるかを一緒に考えるのが心理司の役目です。

● 心理学との関係

　児童相談所といえば虐待の相談で，心理学の分野では臨床心理学の知識と技能が主に必要とされると思われるかもしれませんが，心理司が関わる相談件数で最も多いのが「障害相談」です。心理司には発達心理学，心身障害学についての知識と発達状態を評価する各種心理検査の技能は欠かせません。その他，児童相談所が関わる対象は多岐にわたっており，心理学のみならず社会福祉や精神医学など幅広い分野の知識が必要とされます。しかし，専門的な知識や技能を超えて何よりも大事なのは，さまざまな人たちと人間関係を築き，ともに手を携え，希望をもって粘り強く目的に向かって取り組む「チカラ」です。

弁護士

● 弁護士が学校へ行く理由

　弁護士は，法のプロです。法を駆使して，社会で起きるいろいろなトラブルを解決するのが主な仕事です。逆に言えば，多くの場合，何かトラブル（事件）が起こってしまってからが出番となるわけです。いじめ事件も取り扱いますが，法を駆使して裁判に勝ったとしても，すでに起こってしまったいじめを，いじめが起きる前の状態に戻せるわけではありません。特に重大ないじめの場合，いじめの被害者の不登校や転校，最悪の場合自殺に追い込まれるといった結果は残りますし，加害者の側でも刑事責任を追及されて長期の少年院や少年刑務所へ送致されたり，何千万円という高額の損害賠償責任を負うこともあります。何より，いじめによって壊れてしまった人間関係は元には戻せません。いじめは，起こってしまってからでは遅く，それがまだ芽の段階のうちに解決する必要があります。

　他方で，法律家の立場からみれば，そもそも，複数の人がいれば，感じ方や価値観が違うことは当然であり，利害対立が起きることは避けられないものです。重要なのは，それを解決すること，しかもできるだけ自分たちの手で深刻になる前に。もともと，子どもたちは，他人とぶつかり，いさかい，時には絶交にいたり，時には仲直りしたりといった経験を積む中で，他人の気持ちを尊重して自分の気持ちを抑えることができるようになります。こうして自分を取り巻く人間関係を円満に調整できる能力を身につけていくわけです。ですから，いじめを予防するといっても，どんなに気に入らない相手とでも仲良くするようにという指導は，実現不可能であるというばかりか，子どもたちの成長を阻害しかねないものとなります。

　そこで，弁護士が学校へ行って授業をする場合，どんな点に気をつけて，何を目標に授業をしているのか，以下に紹介したいと思います。

● いじめに気づくことを目指して

　「いじめはやっちゃだめ」ということは，小学生以上なら誰でも知っています。それにもかかわらず，なかなかいじめが減らない，深刻化するのも止められないのはなぜでしょう。具体的な場面でいじめが何かがわかっておらず「ふざけ」「からかい」と認識されているからではないでしょうか。実際，裁判になった「いじめ」事件をみると，いじめの程度が相当エスカレートしている場面でも当事者である児童生徒は被害者・加害者ともそれが「いじめ」であると気づけていないケースがほとんどです。

　そこで，身近にありうる「ちょっと気に入らん」「ちょっとうまくいかな

い」関係から始まったのに徐々にエスカレートして「犯罪」「自殺」にまで被害者を追いつめる結果になることもあるのがいじめであることを，ロールプレイやクイズ，具体的なケースの紹介などを通して理解してもらうことにしています。ただ，小学校低学年から高校生まで発達段階には差がありますから，同じ内容の授業をしても理解できません。以下のように，内容ややり方を変えています。

① 小学生の授業

　小学生はまだ「私の気持ち」と「他人の気持ち」が違うこと（価値観の多様性）の理解が弱いことから，価値観の多様性，すなわち「みんな自分と同じ感じ方，考え方をするわけではない」という事実を理解させることを重視しています。ロールプレイではなく決まったセリフの寸劇を見せて，それについて子どもたちに「自分の意見を言う」「他の人の意見を聞く」「次に意見を言うときは，他の人の意見の内容を取り入れて，理由もつけて反論や賛同する意見を言う」の順で意見を言い合う授業をしています。そして，「すべての人と仲良くなれるわけではない。他の人，特に仲良くない人とどうつきあっていくか」を考えてもらいます。

② 中学生の授業

　中学生は，「自分と他人は違う人間であり，考え方も違う」ことを理解できています。ただし，多面的な価値観から対立的関係になっている社会的な事象に対する理解が浅く，好悪の感情から結論に飛びつき，独りよがりの正義感に基づいて行動する傾向があり，自分の感情や行動を制御するというのも苦手です。そこで，ロールプレイを活用し，具体的なケースを設定して，さまざまな立場のロール（直接的加害者，それを煽(あお)る者，抵抗する被害者，抵抗しない被害者，単に抵抗しないだけでなく自分を笑いものにする被害者，傍観者，など）を用意します。より多くの生徒にロールプレイに参加してもらい，「その場にいたら自分はどうふるまうか」「どうふるまうべきか」という視点から，いじめを自分の問題として考えてもらう授業をしています。

③ 高校生の授業

　高校生は，自分が世界の中心ではなく社会の一員であり，他人の価値観が自分のそれと異なる場合に自分の考えがいつも正しいとは限らないことを理解しています。そこで，高校生相手の授業では，ロールプレイもしますが，価値観のぶつかり合いである訴訟の場に身を置く弁護士として，個人の尊厳に由来する多面的な物の見方の大切さにふれつつ，具体的な事例を結末も含めて紹介します。いじめを自分の問題として考えてもらうとともに，責任についても理解してもらうためです。

第 5 章
中学生・高校生（青年期前半）の心理学

　中学生・高校生（以下，中高生）は，大人でもなく子どもでもない青年期前半，特に「思春期」のただ中にあるという点で，他の発達段階とは異なる特殊性を帯びています。この時期の子どもは，自分たちが子ども扱いされることを嫌う一方で，大人扱いされるのもなかなか受け入れようとしません。しかも，彼らは心理面の不安定さも見せるようになります。ですから，自ずと種々の対応も難しくなります。しかし，こうした不安定さの経験なくして，この時期を語ることができません。本章で詳しくみていきましょう。

1節　中高生の心の発達

　本節では，この時期の不安定さがどのようにもたらされているのかに着目しながら，中高生の心の発達について，感情と自己，社会性の観点からみていきましょう。

1.　感情と自己の発達

　「今泣いた烏（からす）がもう笑う」という言葉があります。子どもの感情は変わりやすく，すぐに切り替わる様子を表しています。しかし，思春期に差しかかると，そう簡単には感情が切り替えられなくなります。むしろ，いろいろな感情に苛（さいな）まれるようになる，といっても差し

支えないでしょう。というのも，さまざまな悩みの原因となる「自分との出会い」を経験するのが思春期の特徴の1つだからです（伊藤，2006）。自分をよく知るためには，他者から見た自分を取り込まなければなりません。そもそも，小学生でさえも，自分が他者からどのように見られているかを気にしていると，対人不安を感じる傾向があるといわれています（松尾・新井，1998）。それが中高生ともなれば，他者を気にする傾向が高まるのは明らかでしょう。自分で自分を知ろうとすればするほど，周りが気になっていきます。こうして，自分と他者にまつわる感情に思い悩む機会が増えていくのが思春期なのです。

　返却されたテストの点数を頻繁に見せ合う中高生を目にしたり，自分もそうしたりした経験に心当たりがない人は少ないでしょう。何らかの点について他者と自分を比べることを，心理学では「社会的比較」と呼びます（Festinger, 1954）。私たちは，誰かと比べながら，自分がどのような状況にあるのかを見定めると同時に，これからどうしていけばよいのかを判断してきます。クラスメイトと成績や学習の方法を比べる中学生は，その後の成績が向上することを示した研究もありますから（外山，2007），周囲との比較を通じて，自らを高める契機にしているのかもしれません。

　ただし，冷静に結果を受け止めるというよりは，他者との比較に振り回される場合が多いのが実情でしょう。時には自分より良い点数をとったクラスメイトに不快感を隠せず，時には自分より出来の悪いクラスメイトがいて安堵することもあります。このように社会的比較に基づく感情は実に多彩です。自分よりも優れた者を妬んだり感心したりするのに対して，自分より劣った者には同情したり，「ざまを見ろ」と吐き捨てたくもなったりします。こうした感情はもれなく他者に関心が向いているのですが，それと同時に他者の成し遂げた結果の優劣に応じて，自己に対する評価も連動していると考えることができます。

(1)「上方比較」と「下方比較」

　自分より優れた人との比較は「上方比較」，劣った人との比較は「下方比較」といいます。図5-1は，それらを理解するのに役立つ枠組みの1つです（Smith, 2000）。このモデルでは，自分と他者に生じた

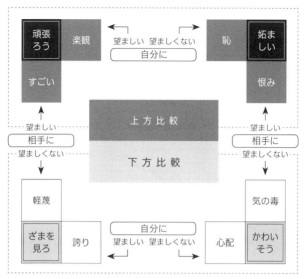

▲図 5-1　社会的比較に基づく感情の種類 (Smith, 2000 を改変)

出来事や行動の結果のどちらに注目しているかによって経験されるさまざまな感情が整理されています。試しに，図 5-1 の右上半分を見ながら想像してみてください。あなたのクラスメイト（相手）が自分より良い点数を取ったとしましょう。もし，そこで自分が負けたことが際立つなら嫌な気持ちになるはずです。この感情は，時に「恥」と呼ばれます。一方，高得点を取って喜ぶクラスメイトが鼻について仕方ない。それを大袈裟にいうなら，少なからず「恨み」を抱いているとみなせます。そして，自分と相手の両方に焦点が当てられると，恥や恨みが混じり合って「妬ましい」と感じるのです。このように，他者と自分のいずれか，もしくは両方に注意を注ぐことによって，そこで経験される感情が様変わりしてきます。自分を知ろうとするからこそ，その拠り所となる他者の存在に振り回されてしまうのですから皮肉なものです。

　もちろん，社会的比較だけで感情が生じるわけではありません。多くの人に共有されているルールや，何らかの価値観と照らし合わせて経験される感情もあります。罪悪感，後悔，誇り，驕り（思い上がり）などはそれです。たとえば，図 5-1 でもふれた「恥」は，自分の失敗が能力や性格によるもので，他者にそれが知られてしまったと評価さ

れて生じる感情ともいえます。一方,「罪悪感」も恥と同じく失敗した状況で生じる感情ですが,失敗の原因は能力や性格ではなく,自らの力である程度コントロールできたはずだったのにできなかった,そんな場合に生じます。これらの感情は,社会的な規範を守るうえでのセルフコントロールに重要な役割を果たす道徳的感情として理解できます。中学生になると,自分たちを縛るルールの存在を敏感に察するようになります。規則を守らないことで生じる罪悪感は,大学生や高校生と比べて,中学生が最も強いという研究結果(石川・内山,2002)は,こうした中学生の特徴の一端を示しています。

(2) 自己嫌悪感から自己発達・自己形成へ

　中高生は,他者や規則という外の世界に敏感になると同時に,自己の内面にも強い関心を向けるようになります。そして,時に「今の自分を嫌だと感じること」があります。「自己嫌悪感」に苛まれるのです。中学生から大学生までの自己嫌悪感を調べた研究によると,中学生では未分化であった自己嫌悪感が,高校生になると「人との関係のもち方」に対するものと「自己の有り方に対するもの」に分かれることが明らかにされています(佐藤,1994)。また,この時期の自己の発達については,「自己発達から自己形成へ」という流れからも説明できます(溝上,2008)。まず,青年期以前の時期では,他者の視点を取り入れて自分を作っていくのですが,それはまだ,他者から言われるがまま,教えられるがままの状態にあるといえます。これが「自己発達」です。そこから,今度は「自己形成」の段階に入ります。これまで作り上げてきた自分を,今度は自分なりの価値観を考え方によって再構成していく時期です。

　子どもでもない大人でもない思春期は,他者の視点から世界を作り,その世界から自己を再び作り直す時期の最中にあります。誰かと比べて思い悩み,自分たちを縛る規則や周囲に振り回され,自分の不甲斐ない点にも苦しむ。しかし,この時期で感じられる経験の積み重ねが,自己を作り上げていくだけではなく,他者との関係を紡いでいくうえで必要不可欠なのです。

2．社会性の発達

　中高生というのは，社会からの影響，特に所属する仲間集団の影響を受けやすい時期といえます。これまで述べてきたような他者や規範だけではなく，仲間集団が自分にとって重要となり，彼らに自分がどう見られているかが気になるために，仲間集団への同調行動などが目立つようになります。こうした特徴がポジティブに働くと他人のためになる行動につながりますが，ネガティブに働くと他人を困らせるような行動にもつながります。たとえば，仲間集団に合わせようとするがゆえに問題を抱えてしまうケースや，仲間集団に認められるためにやってはいけないことはわかっていてもやってしまうケースもあります。このような社会性を備えた中高生について，ここでは「向社会性」「非社会性」「反社会性」という3つの観点から考えていきましょう。

(1) 向社会性

　向社会性とは，相手の気持ちを共感し，自分よりも相手を優先させようとする心情や行動のことです（首藤，2006）。その中でも，向社会的行動は，外的な報酬を期待することなしに，他人や他の人々の集団を助けようとしたり，人々のためになることをしようとする行為です（Mussen & Eisenberg-Berg, 1977；二宮，2005）。もっとわかりやすくいうなら，社会が肯定し，社会的価値が認められる行動です。これまでの向社会行動に関する研究は，援助行動を扱った研究が多かったのですが，徐々にボランティア活動など多くの行動も含めて考えられるようになってきました（高木，1982）。その動機は何であれ，ボランティア活動を行う中高生も数多くいますが，社会におけるボランティア活動の重要性は広く認識されています。ですから，今後はますます中高生のボランティア活動が重要視されてくるものと考えられます。また，援助する側の研究だけでなく，援助を求める側の研究も行われています。中学生の援助要請が対人関係への適応と関連していることが明らかにされています（本田ら，2009）。中高生が他人とうまくやっていくうえで，援助するだけではなく，援助を求めることも欠かせない社会性の側面といえるでしょう。

(2) 非社会性

 一方,非社会性とは,社会的関係において適切な対人関係が築けず,その状況から逃避し,自分の殻に閉じこもる心情や行動をさします。非社会的な行動に限定して述べるなら,それは対人的・社会的な接触を避けようとするものです。そして,これを問題行動として捉えるのであれば,社会や集団への参加の拒否,あるいはそこからの撤退を意味します。社会的に関わろうとしないというその特徴から,非社会的な行動を示す中高生に対して,いたずらに奮起を促すような論調がいまだに残っています。特に,不登校やひきこもりについては誤解も多く,「社会に合わせようとしない」「社会に合わせられない」という観点から,長期にわたって自室・自宅に閉じこもり,家族以外の人とはほとんど接触しない閉じこもり状態をイメージする人も依然として多いと考えられています(加藤, 2005)。しかし,こうした問題は,本人のやる気のなさだけに還元できる問題ではありません。実際には,「社会に合わせようとしない」「社会に合わせられない」ではなく,「(過剰に)社会に合わせようとするがゆえに,社会に出ることに問題を抱えている」のです(加藤, 2005)。非社会性を考える際には,こうした特徴を理解しておく必要があるでしょう。彼らは,社会と向き合おうと望むあまり,社会に出られなくなっているのです。

「中高生の規範意識は低下してきている」は本当…?

 「中高生の規範意識は低下してきている」ともいわれています。しかし,多くの研究で明らかにされているのは,中高生を含め青年の規範意識は過去と比較して,低下していないという事実です(浜島, 2006)。その一方で,過去との比較ではなく,他の年代と比較すると,青年の規範意識は低いことも示唆されています。このように,規範意識の低下は,時代による変化よりも加齢による変化のほうが大きいことが示されています。この低下は,認知発達理論で説明されているように,規範の理解が進み,自ら判断しようとしていることの現れとして考えられています(山岸, 2002)。ですから,加齢による規範意識の低下は,一般に言われるような「中高生は規範をまるで理解していない」などというモラルの低下の類いではなく,心理学的な発達的変化と捉えられるのです(有光・藤澤, 2015)。

(3) 反社会性

　最後に，反社会性について述べます。これは，社会の道徳，倫理，秩序に反する心情や行動のことです。反社会的行動をすれば，規範やルールに従わず，社会や集団が迷惑を被ることになります。ですから，こうした行動は，社会や集団にとどまりつつ，その集団内で引き起こされる問題行動としても理解できます。しかし，中高生の反社会的行動の多くは，規範意識が欠如して起きているのではありません。悪いこととはわかっていながら，仲間集団の規範のほうが重要であるために起きているのです。中高生は大人の価値観を十分に理解しています。それゆえ，自身は「仲間のため」などと正当化して規範意識や罪悪感を薄め（中和化），規範意識がないかのような反社会的行動が引き起こされると考えられています（Sykes & Matza, 1957）。

　中高生の社会性は，環境が移行し，仲間集団が変わっていく中で発達していきます。これまでとは異なる環境では，当然大きなストレスをともないます。そこで新しい人間関係を築いて環境に適応していくことは，社会性の発達に重要な意味をもちます。新しい環境に適応するために求められる社会性が，これまでに育まれた社会性と一致しない場合には，新たな環境に合わせた修正を余儀なくされます。それがうまくいかなければ，非社会性や反社会性という形で問題となってくるかもしれません。しかし，環境の移行にともなう種々の経験が社会性の発達を促す契機になるとも考えられるのです。

2節　中高生に関わる社会問題の理解

　これまで中高生の心の発達について説明してきました。しかし，不安定な時期であるがゆえに，さまざまな誤解を抱かれやすい時期ともいえます。特に，世間で言われているような中高生に関わる社会問題については，大きな偏りや思い違いがあります。しかも，こうした誤解に基づいてさまざまな対策が講じられているケースすら少なくありません。本節では，さまざまな言説を検証していくことで，中高生に関わる社会問題がどのように理解できるのかみていきましょう。

1. 中1ギャップはあるのか：いじめ，不登校の理解

　平成28年5月の時点で，全国に設置されている小学校は20,313校，中学校は10,404校です（文部科学省，2016b）。単純にその数の違いだけに着目すれば，小学校から中学校に上がると学校数が半減するわけですから，小学校から中学校への環境移行にともなって，種々の変化を強いられるでしょう。たとえば，仲間集団の再構築などです。しかし，問題はそれだけにとどまらないという見方があります。「中1ギャップ」と呼ばれる現象です。

(1) 中1ギャップは問題？

　中1ギャップとは，「子どもの心身の発達時期が現代の小学校や中学校の義務教育の学校区分や学校制度と必ずしも適合しないことが生じる心身のギャップ」といえます（渡辺，2015）。このギャップがなぜ注目を集めているのかといえば，「中1ギャップによっていじめや不登校が増加する」という言説があるからです。小学校から中学校へと移行すると，これまでの環境と新しい環境との間にギャップが生じるため，問題行動，特にいじめや不登校が生じやすくなるというのです。しかも，こうしたギャップを埋めるために，小中一貫教育が推進されてもいます。

　しかし，本当に中1ギャップなるものは問題なのでしょうか。「中1ギャップの真実」と題された資料では，ギャップという表現をいたずらに用いて，あたかもそれが問題を引き起こしているかのようなイメージを抱くことに警鐘を鳴らしています（国立教育政策研究所，2014）。この資料によると，小学校段階から種々の問題が始まっており，それが顕在化するのが中学校段階であると指摘されています。たとえば，いじめの被害経験は小学校のほうが高く，中学1年生でいきなり不登校になる割合は2割程度にとどまるというのです。また，小学校と中学校のギャップをなくした小中一貫校への学校への適応が特によいとはいえないことも明らかにされています（都筑，2016）。

　どうやら，単純にギャップをなくせば，学校への適応がよくなるというわけではなさそうです。むしろ，環境移行におけるギャップは悪影響を与えるばかりではありません。ギャップには区切りとしての意

味もあり，最上級生として扱われれば，責任感を子どもに自覚させますし，新たな環境で一から人間関係を作っていくことはこれまでとは異なる自分に変化する契機となります。新たな環境に移行する際の不安や戸惑い，自覚がその後の発達の促すという側面もあります。ですから，環境移行時には不安や戸惑いを感じさせないようにするのではなくて，どう対応していくかが重要となるのです（都筑，2011）。

(2) いじめは能力不足が原因？

　中学1年生で増えるとされているいじめの対応として，よく目にするのが「いじめゼロ」を掲げた取り組みです。多くの教育委員会や学校では，いじめを防止しようと，どこも似たようなスローガンを打ち出しています。こうした目標が持て囃（はや）される背景に，人をいじめたり傷つけたりする人は「能力に欠ける」という見方があるようです。いじめは，本当に能力の不足から引き起こされるものなのでしょうか。

　実は，いじめの加害者の特徴として，少なくとも優れたソーシャルスキルを有しており，仲間集団の中で人気があることが知られています（Smith, 2014）。たとえば，いじめの被害者や加害者の取り巻きと比べると，加害者が最も他者の心を読む能力に長けていたり，ソーシャルスキルが高かったりといった特徴があることがわかっています（Sutton et al., 1999; 大野，2008）。つまり，相手の気持ちが読めるからこそ周到ないじめが準備でき，スキルが高いからこそ，いじめを行使できるというわけです。

　日本のいじめは，集団の中で異質な者への制裁を特徴とすると考えられています（金綱，2015）。ですから，いじめを理解するためには，こうした個人の能力だけではなく，彼らが属している集団からの影響にも着目すべきでしょう。集団というと，数人の仲間集団をイメージされるかもしれません。しかし，私たちに大きな影響を及ぼす集団があります。それは，日本の「文化」です。自分が幸せになって他者から妬みを買うことを恐れる傾向が日本人にはあるといいます（Uchida & Kitayama, 2009）。周りから引きずり下ろされたくないからです。図5-2は，日本のいじめを説明するために考案された，文化・感情混合過程モデル（Hitokoto & Sawada, 2016）です。このモデルでは，他者との相互協調性，権力格差，人並みの追求といった日本に特徴的

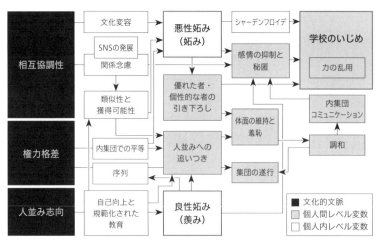

▲図 5-2　学校のいじめにおける文化・感情混合過程モデル
(Hitokoto & Sawada, 2016)

な文化的な文脈が，妬みの感情を介して，いじめを見えにくくしていると考えられています。たとえば，悪性妬みは，自分より優れた人を引きずり下ろそうとする感情ですが，これが自分と類似点のある人に向けられて（類似性），手が届きそうで届かない状況（獲得可能性）と相まって，いじめが引き起こされると想定されています。しかも，こうしたいじめは感情の抑制と秘匿を前提としているので，その原因がわかりにくくなってしまうのです。

　いじめをするような中高生は能力に欠けていると断じて，いじめゼロを語るのは簡単です。しかし，子どものいじめが見えにくくなることはあっても，けっして消えることはないでしょう。なぜなら，少なくともいじめを行使する側からすれば，いじめはある意味で適応的ともいえる行為だからです。たとえば，気に入らない相手を皆で引きずり下ろせるのなら，それだけで加害者側には大きな利点があります。いじめる側の能力や，いじめが生じる集団や文化の影響を無視して，いじめゼロを目指したところで，それは臭いものに蓋をするだけの話にしかならないのです。

(3) 不登校の増加

　中1ギャップが問題視されるもう1つの理由は，不登校の増加です。確かに図5-3を見ると，平成27年度の小学6年と中学1年の不登校児童生徒数を比べると，約3倍になっています（文部科学省，2016a）。しかし，中学1年の不登校生徒のうち，小学校時代から不登校だった児童生徒は3割程度と報告されており，それを考慮すると，増加率は1.3倍ほどにすぎないとも指摘されています（国立教育政策研究所，2014）。こうした観点からすれば，不登校は中学になって激増するわけではないかもしれません。しかし，不登校は中学になっても減らないという事実は看過できません（渡辺，2015）。中高生はなぜ不登校になり，そのまま不登校を継続させてしまうのでしょうか。

　以前は「登校拒否」とも呼ばれていた不登校に関する研究は，数多く行われてきました。その内訳を大別すると，不登校の形成要因を解明する「予防」の研究と，不登校の維持・悪化要因を解明する「対応」の研究に分けられます（小林，2003）。両者は，まったく異なるメカニズムから理解できます。たとえば，担任教師とのトラブルがきっかけで始まった不登校が，学年とクラスが変わり，発生の原因であった担任が変わっても登校できないという事例（加藤，2005）から，不登校に内在するメカニズムの違いについて考えてみましょう。

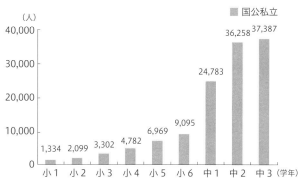

▲図5-3　平成27年度の学年別不登校児童生徒数
（文部科学省，2016a）

担任教師とのトラブルがきっかけで不登校が始まる。

⬇ 形成要因は担任教師なので，その要因が除去されれば再登校できるはず。しかし，学年とクラスが変わり，担任が変わっても再登校できなかった。

不登校は続く。

⬇ 要因が変化した可能性あり。
不登校が続くうちに，「今さら学校に行っても居場所がない」「勉強についていけない」という居場所や学力の問題になり，これが不登校の維持・悪化要因になった。

不登校は続く。

　もちろん，予防という観点では担任教師との関係の調整は有効でしょう。しかし，すでに起き，続いている不登校に対応していくためには，教師との関係の調整だけでは不十分と考えられます。むしろ，居場所や学力の問題に対応していくことが求められます。このように，不登校を理解するためには，不登校になること（休むようになること）と不登校が続くこと（休み続けること）を分けて考える必要があるのです。

2. 自尊感情が低いことは問題か：学力低下と貧困の理解

(1) 中高生の低い自尊感情

　中高生の種々の問題解決を図り，「自尊感情の向上」が掲げられることが少なくありません。確かに，他の世代と比べると，日本の中高生の自尊感情は低いようです。メタ分析という手法で，これまでの自尊感情を扱った研究の傾向をまとめた結果が図5-4です（小塩ら，2014）。中高生，大学生，成人，高齢者を合わせた約5,000名の自尊感情を比べると，明らかに中高生が低いことがわかります。しかも，最近の研究になればなるほど，低い自尊感情が報告される傾向にあるようです。

　しかし，なぜ中高生の自尊感情だけが低いのでしょうか。その原因としては，第二次性徴や環境の変化など，さまざまなものが想定されます（伊藤，2006）。たとえば，社会性に焦点を当ててその原因を炙

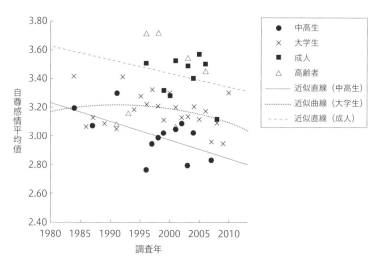

▲図 5-4　調査年，年齢段階ごとの自尊感情の推定周辺平均値および近似線
　　　　（小塩ら，2014）

り出してみると，集団の中での個人の立ち位置があげられるでしょう。たとえば，普段から「○○キャラ」としてふるまっている中学生ほど，自尊感情が低いことが明らかになっています（千島・村上，2016）。ここでいうキャラとは，「天然キャラ」とか「いじられキャラ」などを含んだ，関係依存的な仮の自分らしさです。こうした行動は，「過剰適応」という概念とも重なる部分があります。過剰適応とは，「他者から求められる適応状態にほぼ完全に近づくため，過剰に自分の欲求や気持ちを押し殺してでも，努力を続けようとすること」です（石津，2016）。この過剰適応の傾向にある中学生は，ストレスを溜め込みやすいことがわかっています（石津・安保，2008）。中高生は，本当の自分とは異なる行動を強いられるほど自尊感情が低くなり，ストレスを抱え込んでしまうものなのです。

　また，諸外国と比べて，日本の中高生の自尊感情は低いというデータもあります（古荘，2009）。しかし，自尊感情が低いとはいえないと見なす分析もあります。内閣府「我が国と諸外国の若者の意識に関する調査」の報告書によると，日本の中高生に「自己有用感」（自分が役に立つという存在であるという感覚）はアメリカや韓国と同程度であり，「自分への満足感」と自己有用感の関係の強さが，日本だけ

突出している点にも注目されています（加藤，2014）。なぜなら，アメリカやイギリスでは，両者の関連性は皆無に等しかったからです。どうやら，欧米の中高生は，自分の満足度と自己有用感を切り離して考えているようです。しかし，日本では自己有用感と関連づけて，自分への満足度が判断されています。つまり，日本の中高生は，周囲との関係性の中で，自尊感情が揺れ動く存在とみなすことができます。こうした観点を考慮すれば，日本人の自尊感情が欧米と比べて低いと批判する議論には，重大な見落としがあるかもしれないのです。

（2）自尊感情と学力と貧困の関係

　このような特徴をもつ日本の子どもについて，「全国学力・学習状況調査」では，自尊感情が高ければ学力も高いという報告があります（文部科学省，2010）。学力は生活習慣とも関連しています。朝食を食べている子ほど学力が高いことから，朝食を食べると成績が上がるなどといわれ，これを本気で信じて，「朝食を食べれば成績が上がる」など考える人も数多くいます。確かに，朝食をしっかり食べるのは健康を維持するうえで重要です。しかし，だからといって，朝食を食べればそれだけで学力が向上するものでしょうか。むしろ，子どもが朝食を食べることのできる環境にその一因があるのではないでしょうか。朝食を用意してくれるような家庭だからこそ，子どもの教育にも関心があり，子どもが勉強をするようになる。その結果として成績が上がると考えれば辻褄が合います。事実，子どもの学力が，家庭の経済力すなわち「階層」と関係していることは，苅谷（2001）の調査などによっても示されています。近年いわれているような学力低下は，全体的に低下しているのではなく，貧しい子どもの学力が低下してきているのです。そもそも，学力が高いと自尊感情が保てるという，学校教育のあり方に問題はないでしょうか。学力は重要です。しかし，それだけで自尊感情が維持できる学校でよいのか，社会のあり方にも目を向けて考える視点は重要です。

　また，これまで述べてきた自尊感情と学力の階層差の問題は，子どもの貧困の問題とも無関係ではないでしょう。日本では，6人に1人の子どもが貧困状態とみなせる計算だそうです（日本経済新聞，2016）。子どもの貧困とは，一般的な所得の半分にも満たない水準で

暮らしている子どもたちがどれだけいるのかということをさしています。家庭の収入が低いほど、子どもの自己肯定感も低いと報告する調査結果があります（国立青少年教育振興機構，2016）。一方，貧困であろうとなかろうと自尊感情にはほとんど差がみられないものの、勉強に割く時間が少なかったり、良い成績が取れなかったときの悔しさが低かったりするのは貧困な家庭の子どもであるとも指摘されています（中嶋ら，2016）。昨今の日本では，何かにつけて自己責任論が横行しています。しかし，こうした貧困の問題も、はたして自己責任といえるでしょうか。どの家庭に生まれるかを子どもは選べません。それなのに、たまたま貧しい家庭に生まれるだけで学力や学習意欲が削り取られてしまう。残念ながら、それが今の日本の現状なのです。

　おそらく、日本の子どもの自尊感情を高めようという試みには限界があります。中高生の自尊感情には、他の世代や諸外国と比べて低くならざるをえない特徴がありますし、社会の階層化などの影響を受けているものと想定されるからです。しかし、少なくとも自尊感情の発達やその背景の理解を通じて、学校、家庭、そして世の中のあり方を考える意義は十分にありそうです。

3．少年犯罪は凶悪化しているのか：非行，学校の荒れの理解

(1) メディアの影響

　「少年犯罪は凶悪化している」「少年犯罪が増加している」という言説があります。しかし、図5-5を見ればわかるように、そもそも少年犯罪は凶悪化や増加するどころか、沈静化し、大幅に減少してきています（鮎川，2001；広田，2001）。少年の矯正施設の入所者も減少の一途をたどっています。このように、「少年犯罪の凶悪化」言説を否定するデータしかないにもかかわらず、現在でも「少年犯罪の凶悪化」はマスメディアだけでなく、さまざまなところで喧伝されています。

　これと似た言説に、「子どものコミュニケーション能力の低下」があります。なぜコミュニケーション能力が低下していると多くの人が考えてしまうのでしょうか。その理由として多くあげられたのが、メディアによる少年犯罪の凶悪化に関する報道でした（大久保，2011）。少年犯罪は凶悪化していないのですから、前提からして間違っているのですが、誤った報道を信じて子どもを偏った目で見ているわ

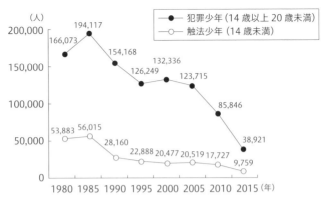

▲図 5-5　過去 35 年間の犯罪少年と触法少年（刑法犯）の推移（警察庁, 2016 などをもとに作成）

けです。しかし実際には，過去と比較して，現代の子どものコミュニケーション能力は低下していないことも示されています（大久保, 2011）。また，非行少年のコミュニケーション能力も一般の少年と比べて低くはないという報告もあります（磯部ら, 2004）。

このように，「少年犯罪の凶悪化」言説は，「コミュニケーション能力の低下」言説とも関わり合い，事実と乖離したまま，さまざまな政策などに反映されています。中高生の問題行動を理解するためには，少年犯罪を含めて，データに基づいた注意深い議論が求められるでしょう。そうしないと，さまざまな言説に惑わされ，誤解と偏見に満ちた見方しかできなくなります。

(2) 少年非行の理解

少年犯罪については，古くからさまざまな理論が存在し，それらに基づいた数多くの研究があります。たとえば，犯罪は学習に基づくものだとする「分化的接触理論」（Sutherland & Cressy, 1960）や社会が逸脱をラベル付けするという「ラベリング理論」（Becker, 1963），なぜ犯罪を起こさないのかという観点から個人と社会を結ぶ絆に注目した「社会的絆理論」（Hirschi, 1969）などが有名です。ここでは，近年注目されている非行の理解の仕方について説明していきましょう。

近年，非行の研究では「受動的非行少年」観と「能動的非行少年」

観という見方が提案されています。「受動的非行少年」観では，性格や家庭環境などの要因が生徒を非行に走らせると考えます。性格や家庭環境が非行に影響すると考える従来の研究は，これらの要因が少年を非行へと向かわせるという説明を採用しているという意味で，「受動的非行少年」観に基づく研究であるといえます（西村，1991）。「キレる」という現象も，性格特性（衝動性）といった個人内の要因に焦点を当てて説明しているという点では「受動的非行少年」観に基づく説明とみなせます。

　一方，「能動的非行少年」観（國吉，1997; 守山・西村，1999）の着眼点は異なります。少年は種々の要因によってやむをえず非行，問題行動に走るのではなく，彼らなりに状況を解釈・判断した結果，自らの目標達成（たとえば，集団内での地位の維持・向上）にとって最適であるから，非行を起こすと考えるのです。要するに，集団内の自らの地位を維持し，向上させるための非行です（Emler & Reicher, 1995）。「能動的な非行少年」観では，非行は仲間集団において支持あるいは肯定的な評価を得られる行動とみなせるのです。このように考えると，非行を理解するためには，集団の中で非行をする意味を探る必要があるといえます。

学校の荒れに対するよりよい支援のあり方とは

　学校の荒れなどは集団の問題行動と考えられますが，個人の問題行動とは別のメカニズムがあると考えられています（加藤，2007）。そこでは，個人の問題行動が集まったものではなく，個人の問題行動の継続から派生・展開する現象と解釈します。一般に問題行動をする生徒が多ければ，学校が荒れるように考えられがちですが，学校の荒れは問題行動をしない生徒の反学校的な生徒文化が影響していることが示されています（加藤・大久保，2005）。ですから，学校が荒れた際には，問題行動をする生徒への指導のみに注意を向けるのだけでなく，問題行動をしない生徒にも注意を向ける必要があります。問題行動をしない生徒が不公平感を抱かないような指導です。最近では，学校の荒れに対する支援のあり方も見直されており，学校という場の性質を考慮した支援に注目が集まっています（加藤・大久保，2009）。

3節　中高生を支える大人たち

　私たちは，えてして一人で生きていると勘違いしがちですが，周りの人たちに支えられて生きています。最後に，中高生を支える大人にはどのような人たちがいるのかを考えていきましょう。

　中高生を支える大人という場合，どんな人たちが想像できるでしょうか。親や保護者は当然ですが，一般的には「教師」がすぐに思い浮かぶかと思います。学級担任の教師はもちろんのこと，部活動の顧問や養護教諭，特別支援の教員など多くの教師が中高生の学業や種々の活動を支えています。また，進路選択や行動面で困ったときには，進路指導や生徒指導を担当する教師が手を差し伸べてくれます。教師になかなか打ち明け難い問題を抱えているのであれば，「スクールカウンセラー」や「スクールソーシャルワーカー」といった，教師以外の援助職に相談に乗ってもらうことができます。また，学校支援地域本部事業などの学校支援ボランティアとして，地域の人たちが学校に入っているケースも最近は増えています（時岡ら，2015）。地域の中で中高生は成長していきます。教師だけではなく，さまざまな大人が関わり合いながら，地域の学校の教育を担うという視点が，これからの日本には求められているのです。

　学校の外に目を向けると，放課後や休日に通う塾の「講師」が思い浮かぶでしょう。また，不登校などの学校不適応に陥ってしまったときには，適応指導教室やフリースクールが受け皿となってくれます。学習の躓きや対人関係の問題の原因が何かを知るためには，児童相談所の「心理判定員」の役割も欠かせません。場合によっては，発達障害などの診断が下りることもありますが，それによって，より効果的な支援を受けられるようになるからです。また，非行に走りそうな場合や，いじめなどの被害を受けた際には，少年警察ボランティアに助言を求めたり相談したりできます。非行に走ってしまった場合には，「家庭裁判所調査官」「法務教官」「法務技官」「保護司」などが関わり，該当する中高生の更生をさまざまな側面からサポートしてくれます。

　中高生に関わっていくために求められる資質とは何でしょう。まずは，中高生の心の発達をどれほど理解しているかに尽きます。そのためには，本を読んだり，大学の授業や講習会・研修会に出席したりす

るのはもとより，中高生たちと実際に関わる経験を通じて，彼らの心の機微を把握していく必要があります。ただし，目の前の生徒個人の心理状態はよくわかっているはずの教師ですら，巷に溢れるさまざまな言説に振り回されてしまう場合もあります（大久保・中川，2014）。さまざまなデータや研究を自分の目で確かめ，中高生の問題を偏って考えないように気をつけるべきでしょう。発達心理学の視点を身につけながら，言説や思い込みに惑わされない目を養っていく。こうして私たちは，かつて自分が思春期をかけ抜けるために支えられていた側から，今度は彼らを支える側へと足を踏み入れていくことになるのです。

中学校教員

● 中学校教員としての仕事のやりがい

中学校教員の仕事は、一般の人が想像している以上に多岐にわたり複雑です。指導しているのは発達途上にある生徒たちで、可能性の塊(かたまり)であると同時に心が不安定な存在でもあります。自分のことが正しくとらえられないだけでなく、頭ではわかっていても自分をコントロールできないことも多々あります。

そんな生徒ですから、身近な大人である教師の存在・影響力は大きいものがあります。真摯に向き合い関わることで、生徒の前向きな姿や成長を導くことができたときは、この仕事のやりがいを強く感じることができます。

● 生徒をどうとらえ、どう関わるのかがすべてのスタート

人は人と接するとき、自分のことを認め、理解してくれるかどうかを、常に見極めようとしています。心を許せる人であれば、その話に耳を傾け、そうでない人の話はきちんと聞こうとしない。これは、生徒だけでなく、教師をはじめとした大人にもいえることでしょう。ですから、教科の授業をしていくうえでも、学級経営をしていくうえでも、生徒の心のありようをきちんととらえ、生徒の思いを認め、そのうえで指導していくことが教師には求められます。

特にアクティブ・ラーニングなどの生徒の主体的な学びを志向した授業を行う際には、生徒にゆだねる部分が大きいだけに、生徒の実態を把握し、生徒を掌握したうえで行うことが求められます。

教師はこれまで自分が培ってきた自身の経験をもとに生徒たちのことをとらえ、判断し、指導する

ことになります。しかし、自身の経験だけでは理解できない生徒もいます。どう対応すべきか判断に迷う保護者もいることでしょう。そんなとき、心理学の知識やアプローチを知っているかどうかや、心理学に精通した相談できる人が身近にいるかどうかで、大きな違いが出てきます。

● 気になる生徒との関わりで生きる心理学

　何度も同じ失敗をしてしまう生徒がいたとします。そんなとき，心理学の知識をもっていると，「ダメな生徒だ」と決めつけて頭ごなしに叱るのではなく，たとえば下記のような生徒に寄り添った受け止めをする余裕が生まれ，結果として，その後の対応も大きく変わってきます。

- ▶何回言ってもわからないのは聴覚による認知が弱いからで，話すだけではきちんと受け止められていないのかもしれない。
- ▶教師の話を本当は理解していないのに，これまでの経験から，理解したふりをしないといけないと思い，わかったふりをしているのかもしれない。
- ▶頭では話を理解していても，自分の衝動を止められないのかもしれない。
- ▶過去，どんなときにどんな表れがあり，どう対処されてきたのだろうか。

　このようなことは，それぞれの教員が見立てて，その場で適切な対応をするだけでなく，同僚や管理職，保護者はもちろんのこと，スクールカウンセラー，教育相談員，教育支援員とも連携し，情報の共有や支援の方向性を一致させていくことが必要です。場合によっては，外部機関に相談・連絡を取る必要があることもありますが，その際の最初の判断が，教員には求められます。

● 予防的なアプローチとしての心理学の有用性

　学校では，いじめなど人間関係のトラブルが起きた際の直接的な指導だけでなく，トラブルを未然に防ぐ予防的な指導の必要性から，アサーションや，ソーシャルスキル・トレーニングなどの心理学のエッセンスを取り入れた道徳や学級活動を仕組むことが多くなっています。問題の解決には，気になる生徒を含めた生徒全体を巻き込み，集団を変容させていく必要があるからです。

　相手を大事にすることだけを求めると，わがままな生徒が横行し，まじめでやさしい生徒が苦しむ状況が生まれることがあります。相手を大切にしつつも，自分をどう正しく主張するのかは難しい問題ですが，集団の中で「自分も相手も大事にすべきだ」という合意形成を図ることができれば，トラブルは大幅に減少します。そこで，授業において生徒全員に異なる役割を演じさせ，立場の違いによって受け止めが大きく変わることを疑似体験させるのです。

　これらの授業を実施する際，現場ではカウンセラーなど心理学を学んだ専門家からサポートを受けたいと思っています。展開や事例のヒントをもらえるだけでなく，理論的経験的な裏付けを得られる安心感が生まれるからです。

現場の声 15

高等学校教員

● 教科学習（授業）

学校で過ごす大半は授業ですので、学ぶ楽しさやわかったという感覚をもてることは重要です。授業を通して生徒との信頼関係も深められます。

まず、授業をユニバーサルデザイン(ルールを明確化し、誰もがわかりやすい板書・発問・説明などの工夫)します。安心して話し合える環境ができたら、アクティブ・ラーニングを取り入れ、グループ活動などの能動的・主体的に学べる活動を介し、理解を深められるようにします。高校は教科担任制のため、多角的視点で見守れるので、遅刻・欠席や成績の低下、授業態度（居眠りや私語、服装など）の変化に注意し、援助ニーズをアセスメントして、気になることは担任などと情報共有し、必要に応じてチーム支援につなげます。そして、生徒自身で学習成果がわかるように、学習記録をファイル（ポートフォリオ）し、自分の努力を客観視できるようにします。達成されていることをきちんと褒めて認めていき、学習意欲・自己評価を高めていけるように配慮します。社会人になって必要な知識や技能を、できる限り習得してほしいと思っています。

● 学級経営（ホームルームづくり）

ホームルーム（以下、HR）づくりとは、あらゆる教育活動をコーディネートして、HRを成長させることです。高校生はグループ発達の段階でいうと、ピア・グループの段階で「違っていても一緒に居られる」（保坂、2012）ことを確認する段階といえます。以下に、HRづくりで必要なことを詳しく説明します。

① 安心安全な対話の場づくりのためのルールを確立し、誰もが過ごしやすい教室環境を整備する。

あいさつする、時間を守る、無断遅刻・欠席をしないなどのマナーをていねいに指導し、身につけられるようにします。クラス全員との個人面談も重要です。ソーシャルスキル・トレーニング(話す・聴くスキルなど)を早い時期に実施することも有効です。そして、係・委員会活動などの責任を互いに果たしてクラスに貢献し合い、「ここに居ていいんだ」と思えるような、アドラー心理学でいう

クラス演劇（教室の舞台にて）

ところの「共同体感覚」がもてるように支援していきます。
② 設定目標を達成するための手段として学校行事を活用する。
　たとえば，文化祭のクラス劇では，監督・役者・大道具・衣装・音響・照明・ポスター・受付案内などの係分担に分かれて作業をしますが，最終的にクラス全体で1つの物を創り上げます。その過程で，考えの違いから多くの葛藤が生まれますが，担任はすぐ介入せずに，ほどよい距離感で見守りつつ自己解決を待ち，時に「あなたはどうしたいの？」と問いかけ，必要に応じて係の話し合いにファシリテーターとして参加します。最後には自他とクラスを肯定的にとらえられ，個人と集団が成長していきます。
③ 保護者との良好な関係づくりを心がける。
　問題が起こる前の日ころから，生徒の良いところを電話や学級通信などで伝えていきます。心配な生徒の保護者と面談し，スクールカウンセラーにつなげたり，チーム支援会議にも参加してもらったりして，本人の援助資源（リソース）を一緒に探し，支援していきます。
④ Q-U（河村，2006）やアセス（栗原，2010）など心理テストを活用する。
　予防的に学級状態をチェックし，早期発見・対応するのも1つの方法です。願いは「私メッセージ」で伝え，振り返りを重んじて内省できるようにします。

● その他の指導や相談
　進路指導では，生徒自身と保護者の思いをよく聴き，日々生徒理解に努めて信頼関係を深め，テスト・バッテリーなども参考にできるとよいです。就職・進学を目指す生徒のガイダンスや補習，個別指導，作文・小論文・面接指導なども行います。
　教育相談では，不登校・発達障害・非行・思春期精神病理などの相談があります。顕在化されなかった心理的問題が具体的行動として現れやすい時期ですので，積み残された課題に向き合う最後の機会かもしれません。暴力行為，いじめへの特別指導は，被害者・加害者に関われるチャンスととらえます。
　部活動・生徒会活動では，先輩をモデルとして見通しをもてるようになり，異年齢集団での活動から，年齢をこえて互いに助け合う，社会性が育まれます。

● 外部との連携
　入学前の中学校との情報交換をクラス分けや入学後の指導に活かします。必要に応じて，医療や相談機関，児童相談所，地域の特別支援学校・警察などと連携します。大学合格後に学生相談室につなげる場合もあります。
　その時どきで状況が異なるので，これらが全部うまくいくとは限りません。だからこそ，互いの強みを活かし合い，ともに成長できるのがうれしいです。これからも内省を深めつつ，生徒と向き合っていきたいです。

スクールカウンセラー

● スクールカウンセラーの役割と資質

　教育現場では，不登校，いじめ，非行，自傷行為，虐待，精神疾患，発達の問題を抱えた生徒児童の対応など，取り組むべき多くの問題が混在しています。

　それにともなって，スクールカウンセラー（以下，SC）に対する期待も年々高まる中，SCの役割，そして必要とされる資質とは何でしょうか。以下にまとめてみます。

① 柔軟性

　まず，子どもや保護者，教員などのカウンセリングはSCの大切な役割の1つです。しかし，さまざまな人間が忙しく交差し，突発的な出来事も起こる学校では，通常のカウンセリングと違って，対応する場所や時間の長さはまちまちであり，落ち着いてじっくりカウンセリングすることはできません。保健室や図書室，時に廊下での立ち話で対応することも，少なくありません。

　1つの形に固執せず，柔軟であること。これは，学校で臨床を行ううえで非常に大切です。

② 気づく力

　困難な事例が年々増加していることにともなって，教員にかかる心理的ストレスも必然的に増えています。週に1日ないし月に数回といった限られた勤務の中で，いかに現場の負担に気づけるか。これは，SCに必要とされる2つ目の力です。カウンセリングの予約のない隙間の時間，筆者は意識的に，職員室で過ごしたり，保健室を覗いたり，先生たちの会話に交じったりします。

　組織の中に入り込み，組織の負担に気づくこと。先生が元気でいることは，子どもや保護者への間接的な支援につながります。

③ つなぐ力

　学校は，子ども，保護者，教員など，異なる立場と役割をもった人たちが交差する場所です。SCは，どの立場の人がどんな相談をしてきても，中立的な立場をとり，学校に関わる人たちの関係性が円滑に保たれていくよう援助します。

　たとえば，保護者が学校の対応について不満をもつことも少なくありませんが，SCは相談者の想いをていねいに聴いたうえで，学校側の話にも耳を傾け，双方が再びつながっていくためのお手伝いをします。

　また，カウンセラーは，「守秘義務」という基本原則に則って通常カウン

セリングを進めますが、学校現場では、多くの場合、必要な情報を教員に伝え、チームで取り組むことで、どうしたら子どもに最良の支援を提供できるか、ともに考えていきます。とりわけ、虐待や希死念慮など、子どもの身の安全を確保しなければならない事例は、さまざまな人が関わり、彼らへの支援をより手厚くしなければなりません。

複数の人的資源をつなげ、子どもたちの応援団を増やす環境をつくっていくこと。これもまた、SCの大きな役割です。

④ 自由な価値観

学校は、一般的に「普通である」ことが求められる場所です。普通に学校に行き、普通に良い子で、普通に勉強ができ、普通に友達がいる子どもたちが「OK」とされます。反対に、いつも一人ぼっちでいたり、勉強が苦手だったり、大人に反抗したり、学校に行かなかったりする子どもたちは、マイノリティとしてさまざまなレッテルを貼られます。私に会いにくる子どもたちは、そんなマイノリティの子どもたちです。しかし、彼らと話をしていると、その内面に、底知れない魅力や強い意志をみることが多々あります。不登校という不名誉なレッテルを貼られた子が、学校に行かずに過ごした時間の中で自分とじっくり向き合った結果、自分らしさを取り戻し、生き生きと変化していくことも少なくありません。そんな子どもたちに「それでOK」と説得力をもって伝えるためには、カウンセラー自身が既存の価値観にとらわれず、常に自由な精神をもっていなければなりません。

普通であることに囚われない、ちょっと異質な存在としてSCが学校に居続けること。これは非常に大きな意味があると思います。

● スクールカウンセラーとして

SCが学校で機能するためには、即座に役に立つ、心理学的な専門知識をもっていることが大前提です。しかし、成長途上にいる子どもたちと真剣に向き合うために必要なことは、カウンセラー自身が、己を知り、子どもたちの良きモデルとして成熟していることです。とはいえ、人は死ぬまで成長の可能性を秘めた存在です。未熟な筆者にとっても、これは終わりなき大きな課題であるといえるでしょう。

少年院職員（法務教官）

● はじめに

　少年院職員が在院者を指導するに際し大切にすべき心構えの1つに,「すべての在院者には，変わりたいという気持ちと成長するための力が備わっていることを信じ，決して諦めない」ことがあります。そして，在院者の特性について専門的知見を活用して理解し，科学的，計画的に働きかけていくことも重要とされています。このようなことを念頭に置いて，少年院で在院者の指導にあたる職員は法務教官として，主に人事院・法務省が実施する法務省専門職員（人間科学）試験の合格者から採用される公安職の国家公務員となっています。

● 非行からの立ち直りのために

　少年院は，家庭裁判所で保護処分として少年院送致決定を受けた少年に対し，矯正教育と社会復帰支援を行う施設です。「少年は心身の発達の途上にあり，教育の可能性が高いので，教育的環境を整えて成人の刑罰とは異なった保護・教育によってその改善を促すべきであるという保護主義の思想」に基づき，成人の取り扱いとは差異が設けられています（松本ら，2004）。在院者の生い立ちには，非行や犯罪の背景として，幼少時での親の離婚や離別，虐待やいじめ被害，保護者が病気で少年を養育，監護するうえで必要な経済的，時間的なゆとりがもてない，といった困難な状況が多くみられます。一方で，犯罪の加害者として，被害者やその家族をはじめ社会に与えた深刻な影響や責任を自覚し，二度と非行や犯罪をしないよう成長を促し，改善更生に導いていかなければなりません。

　心理学は，犯罪や非行がどうして起こされるのか，犯罪や非行をしないようになるためにどのような働きかけが有効かを考え，実践していくための理論や技術を私たち法務教官に与えてくれます。

● 法務教官の仕事と心理学

　少年院法第15条第2項では,「在院者の処遇に当たっては,医学,心理学,教育学，社会学その他の専門的知識及び技術を活用するとともに，個々の在院者の性格，年齢，経歴，心身の状況及び発達の程度，非行の状況，家庭環境，交友関係その他の事情を踏まえ，その者の最善の利益を考慮して，その者に対する処遇がその特性に応じたものとなるようにしなければならない。」と規定されています。

　矯正教育を行う法務教官にとって心理学は，以下のような理由から大切

なものといえます。

① "教育の対象である少年を理解する"ための重要なツールとなります。

　少年は，少年鑑別所を経て少年院に入院してきます。少年鑑別所では多くの場合約3週間程度を過ごし，その間に法務技官（心理専門職）による鑑別が行われ，家庭裁判所に対して鑑別結果通知書が提出されます。この資料は少年院にも送付されるので，家庭裁判所調査官が作成する少年調査記録とともに，矯正教育を個別的かつ計画的に進めていくための個人別矯正教育計画を作成するうえで重要な資料となります。これらの資料に含まれる各種の心理テスト結果，成育史や行動観察記録などを参考にしながら少年の特性を理解していきます。

② "少年に対する矯正教育を適切，効果的に実施する"うえでも必要不可欠な科学です。

　少年院で勤務する法務教官は，生活指導，職業指導，教科指導，体育指導および特別活動指導を行います。在院少年の特性の理解をふまえた働きかけ，指導計画・指導案の作成や教育課程の編成，わかりやすい指導や授業の実施，小集団を対象とした指導や行動観察，個別面接や成績評価などの業務全般において，法務教官としての専門性を発揮していく必要があります。

　たとえば，特定生活指導として実施している被害者の視点を取り入れた教育，薬物非行防止指導，性非行防止指導，暴力防止指導，家族関係指導および交友関係指導に関しては，法務省が作成した標準プログラムに基づいて実施していますが，これらの指導に関しては認知行動療法を基礎とするワークブックやアサーショントレーニング，アンガーマネジメント，マインドフルネスなど，少年の問題行動や背景要因に焦点を当てたプログラムが含まれており，理論的な理解と指導上の知識・技術を備えておく必要があります。このため，矯正職員の研修機関である矯正研修所では，矯正心理学，矯正教育学，矯正社会学といった研修科目が設けられ，すべての矯正職員が学ぶ必須科目となっています。

● おわりに

　再犯・再非行防止を図ることには多くの困難がともないます。少年院では，家庭裁判所，保護観察所，ハローワーク，学校，地域の青少年育成関係の諸機関・団体やそこで働く専門家の人々とさまざまに連携していますが，その過程においても，心理学は共通言語として大きな意味をもっているといえるでしょう。

第6章
大学生・有職青年（青年期後半）の心理学

活かせる分野

　青年期の後半は，大学や専門学校に進学し，就職して広い社会へと巣立っていく，大きな環境の変化を経験する時期です。そしてその変化の様相は，個々人によって大きく異なっていきます。それぞれの人がそれぞれ独自の人生を歩み出すのが，この時期の特徴なのです。

1節　青年期後半の概要

1. 進路

　青年期後半は，それ以前の時期に比べて人生の経路が多様化していく時期です。では日本の若い世代の進路は，どのように枝分かれしていくのでしょうか。図6-1は，文部科学省や厚生労働省のデータに基づいたおおまかな数値から作成されたものです（児美川，2013）。

　図のように，高校に入学した青年が100人いるとします。そのうち高校を途中でやめてしまう人は6名，高校を卒業する人は94名となります。この94名のうち大学に入学する人は51名，専門学校に入学する人は21名，高校卒業と同時に就職する人は18名います。大学に入学した51名のうち，途中で大学をやめる人は6名，大学を卒業する人は45名います。この45名のうち，大学院などに進学する人は6名，就職する人は28名，進路が決まらない人は11名います。専門学校に入学した21名のうち，途中でやめたり就職したりする人

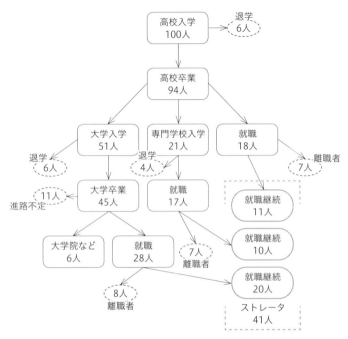

▲図 6-1　高校入学者 100 名のその後の進路（児美川，2013 を改変）

は 4 名，卒業後就職する人は 17 名います。さらに，高校を卒業後就職した 18 名のうちその後も就職を継続する人は 11 名，専門学校卒業後就職した 17 名のうちその後も就職を継続する人は 10 名，大学を卒業後に就職した 28 名のうちその後も就職を継続する人は 20 名います。この就職を継続している人のことを児美川（2013）は，高校に入学してから脱落することなく進学・就職にいたり就職を継続しているという意味でストレータと呼んでいます。しかしそれは，高校に入学した 100 名のうち 41 名に過ぎません。

　毎年，就職活動に関する記事がマスコミを賑わせます。たとえば 2016 年 7 月 16 日の朝日新聞では，6 月に解禁となった大学 4 年生の就職活動が大詰めを迎え 7 割の大学生が内定を得ている一方で，まだ 6 割の学生が就職活動を続けていることが報道されています（志村，2016）。このように報道されると，日本の大多数の同世代の若者が同時に大学 4 年生になっており，その多くがこの時期に就職活動をしているのだという感覚を抱きがちです。しかし，図 6-1 を見て

わかるように，それは正しくありません。高校に入学した100人のうち，大学に進学して就職する人は，全体の約3割に過ぎないのです。2016（平成28）年の18歳人口は約120万人です。図6-1の数値は数年前のものですのでおおよその推定となりますが，大学を卒業して就職する学生の数は約34万人程度であると考えられます。さらに，図6-1には，高校に進学していない青年は含まれていません。高校進学率は97％を超えていますが（文部科学省，2011），それは100人に2人が高校へ進学していないことを意味しています。

　また，これらの数値は時代によって変化していることも忘れてはいけません。2015年には1年間の出生数が100万8千人でしたので（日本経済新聞，2016），この年に生まれた人々が高校3年生になる2033（平成45）年には18歳人口が100万人程度になると予想されます。大学への進学率も図6-1では51人となっていますが，この数値も徐々に増加しています。このような数値は，この時期の若者たちの動向を考える際に，前提としてふまえておくことが重要です。

2. 大人に向けて

　青年期はいつまで続くのでしょうか。これは，青年期から大人への接続の問題だといえます。

　たとえば法律や社会制度をみると，子どもと大人の年齢区分は単一ではなく，さまざまであることがわかります（宮沢，2014）。普通二輪免許は16歳で取得することができ，オートバイを運転することができるようになります。婚姻年齢は男性が18歳，女性が16歳であり，この年齢になれば結婚することができ，結婚することで成年とみなされます。風俗営業等の規制及び業務の適正化等に関する法律では，麻雀店やパチンコ店などの遊技場に客として立ち入ることができるのは18歳からであり，選挙権の年齢も18歳からとなっています。飲酒や喫煙は20歳から認められ，成人式が各自治体で行われるなど，成年とみなされるようになります。2016年8月現在，民法上では20歳をもって成年とすると定められています。そして現在，この成年となる年齢を18歳に引き下げる議論がなされています。このように，成年となる年齢は1つに定まっているわけでもなく，またその年齢は時代によって変わっていく可能性があるのです。

何歳までを青年期とするかは，平均余命の延びや高齢社会化を背景として延びてきているという指摘があります（佐藤，2014）。青年期の終わりが 25, 26 歳頃（加藤，1987; 久世，2000），30 歳まで（笠原，1976; 斎藤，1998）であるという指摘のほかに，40 歳からが大人であるという提言（牛島，2009）まであるのです。このようにみてくると，青年期の終わりは明確に定まっているわけではなく，20 〜 30 代にかけて個々人の状況に応じて終わりを迎えていくのではないかと考えられます。

　アーネット（Arnett, 2000）は，青年期の延長にともなって成人形成期（emerging adulthood）という発達段階を提案しています。この段階は 10 代の終わりである 18 歳から 20 代の前半である 25 歳の間の時期をさし，青年期でも成人期でもないこの時期の独自性を述べています。成人形成期は，人生において多くの異なる方向の可能性が残されており，確実な将来がまだほとんど決まっておらず，人生の可能性に関する個人の探求の範囲が他の時期に比べて大きいままに残されているという特徴をもつ，人生の一時期です。

　成人形成期は，次の 5 つの特徴をもちます (Howard & Galambos, 2011/2014)。

　　①不安定性：多様な生活状況を行き来すること。
　　②アイデンティティ探求：多様なライフスタイルや行動，自己のあり
　　　方を試す自由があること。
　　③自己焦点化：他者への関心よりも自己実現に関心があること。
　　④青年期と成人期の「狭間にいる」という感情：まだ成人ではないが，
　　　もう青年でもないという感覚をもつこと。
　　⑤無限の可能性：いろいろな未来がまだあるという期待。

　図 6-2 は，10 〜 30 代以降までの各年代の人々に「あなたはもう大人ですか」と尋ねたときの回答の割合をグラフにしたものです(Arnett, 2001)。この質問に対して「はい」と回答したのは，10 代の青年で 18％，20 代で 46％，30 代以降で 86％でした。そして「いいえ」と答えた割合は明らかに 10 代が多く，20 代と 30 代以上で「いいえ」と答えたのはそれに比べると少ない割合でした。それに比べ，「一

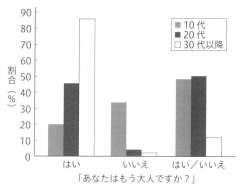

▲図 6-2 「あなたはもう大人ですか？」への年代別回答（Arnett, 2001 を改変）

部はい，だが，一部はいいえ」と，どちらでもない回答を示した割合は，10代で48％，20代で50％と，この2つの世代はほとんど変わりませんでした。このグラフに示されているように，20代の時期は大人ではないというわけではないけれども，完全に大人になっているわけでもなく，その中間の時期と考えるのがしっくりくるようです。

2節　個性化

1. 自尊感情の変化

　図6-3は，日本人1万6千人を対象としたデータを用いて，年齢段階別の自己肯定度の得点をグラフに描いたものです（Ogihara, 2016）。男女とも，小学生から中学生・高校生にかけて自己肯定度は低下しますが20代以降に回復し，その後はゆるやかに上昇していく様子がわかります。このような変化は日本だけでみられるものではなく，欧米の研究でも同じような年齢変化がみられることが知られています（Robins et al., 2002）。

　この年齢段階にともなう変化には，自分が自分自身について認識した内容である自己概念の発達的変化が反映していると考えられます。また，人々が自分のことを好ましいと思ったり，自分を有能だと信じたりする程度を反映した自己の評価的な側面を自尊感情と呼びます（Zeigler-Hill, 2013）。自尊感情は，自己概念がどの程度好ましい状態にあるかといったように，自分自身を評価対象とした際に感じる好

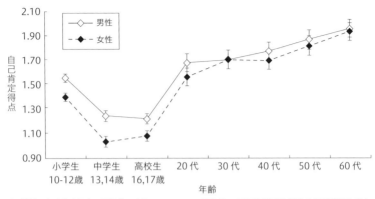

注）縦軸は自己肯定得点の平均値であり，エラーバーは平均値の95%信頼区間，横軸は年齢段階を表す。

▲図6-3　日本人における年代段階別の自己肯定得点（Ogihara, 2016を改変）

ましさの程度を意味しているのです。

　児童期から思春期にかけて，認知的発達や対人関係の変化や広がりを背景として，次第に自分自身をどのようにとらえ，どのように評価するか，また周囲からどのように見られているかという点に意識が向かうようになります。そうすると，自尊感情の根拠が揺れ動くことにより，中学生や高校生の自尊感情は低下しやすい状態になります。しかしその後，20代以降になると，自尊感情の根拠が仕事や社会的関係，家族などに求められるようになり，社会的環境の安定化とともに上昇していくと考えられます。

2. 随伴性

　自尊感情の中には，本当の自尊感情とそうではない仮の自尊感情があるという考え方があります（伊藤ら，2011）。本当の自尊感情とは，単に自分らしくいるだけで自ずと生まれる肯定的な感覚のことであり，それは成功や失敗といった具体的な体験や，他の人々からの評価などを必要とするものではありません。そうではない仮の自尊感情とは，他の人々からの承認や賞賛，達成や成功，対人関係など具体的な出来事によって支えられる自尊感情のことです。

　図6-4は，全体的な自尊感情が，この本当の自尊感情である本来感と，仮の自尊感情である随伴性自尊感情から成ることを示した仮説モデルです（伊藤ら，2011）。全体的な自尊感情の中には内的な基準や

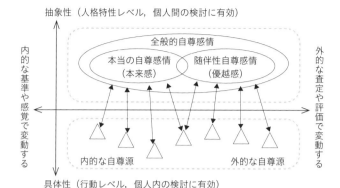

▲図6-4　自尊感情と本来感，随伴性自尊感情の関係（伊藤ら，2011）

感覚に基づいて変動する本来感に近いものから，外的な査定や評価によって変動する随伴性自尊感情に近いものまでが含まれています。十分な本来感をもつことは，自分自身が取り組む活動に打ち込むことや将来の目標を明確にもつこと，成長に向けて努力すること，過去の自分のがんばりについて理解を深めるといった，自分の生き方そのものの充実に関連することがわかっています。それに対して随伴性の側面は，自分の性格や外見，対人関係が充実しているという感覚に関連します。これらは，どちらが良くてどちらが悪いというものではありません。双方が補い合いながら，全体的な自尊感情が育まれると考えることもできるでしょう。

　図6-5は，自尊感情の高さと随伴性，自尊感情の不安定性の年齢にともなう変化を表したものです（Meier et al., 2011）。自尊感情の不安定性は，30日間自尊感情の測定を行うことで，個人内の自尊感情が日々どの程度変動するかを算出したものです。図6-5に示されているように，青年期から老年期にかけて，自尊感情の高さは上昇していきます。これは先に示した図6-3と同じ結果になっています。また，自尊感情の不安定性は年齢にともなって低下していくことが示されています。

　その理由の1つに，自尊感情の随伴性の低下があるのではないでしょうか。全般的自尊感情の要素の中で，図6-4における随伴性自尊感情の要素が年齢とともに少なくなっていきます。これは，生活の中で周囲の評価や職業上の達成など外的な評価が次第に安定してくるこ

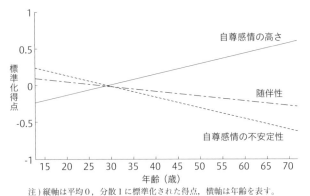

注）縦軸は平均0，分散1に標準化された得点，横軸は年齢を表す。
▲図 6-5　自尊感情の高さと随伴性，不安定性の年齢変化の推定値
（Meier et al., 2011 を改変）

とと，自己の認識システムが変容してくることで外的な評価よりも自分自身の内部を評価対象とする機会が多くなってくることによると考えられます。歳を重ねることで，その時どきの状況によって自分自身の評価が左右されるよりも，それまでに蓄積されてきた自分自身の経験を評価の対象とする比重が高くなってくると考えられるからです。そして後期青年期から成人期は，このような自分自身をどのように評価するかという自尊源の転換が起きてくる時期だといえるようです。

3 節　社会化

1．大学という場所

　青年期後期あるいは成人形成期の前半に位置する人々の，おおよそ半数が大学で学ぶという経験をしています。四年制大学への進学率は，1974（昭和49）年から1990（平成2）年までの間はおおよそ3割で推移してきましたが，その後の大学新設の緩和策や定員の増加，少子化による18歳人口の減少によって5割以上になっています。大学や短期大学は大学の歴史・伝統や学力レベル，社会的評価などから，人気があり入学が困難な特定の大学群から，入学志願者が少なく入学の競争がほとんどともなわないような大学群まで，その置かれた状況はさまざまです。このような大学の状況は高校生の勉学意欲にも影響しており，勉強しなければ大学に入れないと考える高校生たちと，勉

強しなくても大学に行くことができると考える高校生たちに分かれる傾向が生じてきているといわれています（宮沢，2014）。

　溝上（2009, 2010）は，学生が大学生活のさまざまな活動に費やす時間に基づいて，以下のような手順で4つの学生のタイプを導き出しています。

　まず，大学生活における活動をまとめたところ，おおまかに「授業外学習・読書」「インターネット・ゲーム・マンガ」「友人・クラブ・サークル」という3つの要素が見出されました。そしてこれらの要素をもつ程度によって学生をタイプ分けし，次の4つの学生のタイプが導き出されました。

　　タイプ1：インターネット・ゲーム・マンガの活動が多い，自宅で過ごすタイプ（約16％）。
　　タイプ2：いずれの活動も相対的にあまりしない活動性の低いタイプ（約33％）。
　　タイプ3：いずれの活動にも従事する活動性の高いタイプ（約26％）。
　　タイプ4：友人・クラブ・サークルの活動が多い，人間関係重視のタイプ（約22％）。

　これらのうち，タイプ3とタイプ4の学生は充実感が高い傾向があり，将来設計をする傾向や学習動機についてはタイプ3の学生が高く，タイプ1やタイプ2の学生は低い傾向がみられました。大学生活で重点を置く事柄についてみてみると，タイプ1の学生は「趣味第一」が多いのに対し，タイプ3は「勉学第一」，タイプ4は「クラブ第一」「豊かな人間関係」と回答する傾向がみられました。タイプ3とタイプ4の学生はともに大学生活が充実しているのですが，タイプ3は日々の生活が充実しており大学生活を通じて自分を成長させようという志向性をもつ一方で，タイプ4の学生はどちらかというと勉強よりも人間関係を重視しているようです。充実した学生生活を送っているタイプ3とタイプ4で，学生の約半数を占めているということです。

2. 社会経験

　大学は高校までとは異なり，勉強だけではなくサークルやボランティア，アルバイト，留学など，多様で社会との接点が多い活動に従事する場です。このような環境に身を置くことによって，青年たちは少しずつ社会との接点を増やしていきます。それは専門学校に進学する青年においても，高校を卒業して就職する青年においても同様です。青年期後期は多くの社会経験を積み重ねる中で，自分自身も変化していく時期なのです。

　人間の性格(パーソナリティ)全体を，次のような5つの次元で把握するビッグ・ファイブと呼ばれる理論があります。

　【 ビッグ・ファイブの5つの特性 】
　①神経症傾向（否定的な情動を感じる程度や情動の不安定さ）
　②外向性（肯定的な情動や積極的な活動の程度）
　③開放性（好奇心の強さや広がり，思考の柔軟さ）
　④協調性（やさしく人と争わない）
　⑤勤勉性（自己制御の強さや計画性）

　図6-6は，高校卒業時から大学卒業時までの性格の変化を示したものです（Ludtke et al., 2011）。この調査は高校を卒業して大学に入る年と2年生が終わる年，卒業時期の3回にわたって行われたものであり，同一の青年たちに対して複数回の調査を実施した縦断的調査によるものです。図6-6に示されているように，大学の4年間で外向性はあまり変わりませんが神経症傾向は低下する傾向にあり，開放性や協調性，勤勉性は上昇する傾向がみられています。また大学生だけでなく，同じ年齢で社会に出ている青年でも同じような変化がみられました。

　では，それぞれの性格特性の変化はどのような出来事に関連するのでしょうか（Ludtke et al., 2011）。神経症傾向の上昇は，睡眠や食事の習慣や性的な問題，新しい仕事を始めること，大学での勉強内容を変えることなど生活習慣の変化に関連していました。外向性の上昇は，海外留学，経済状況や生活習慣の改善に関連していました。開放性の上昇はあまり生活状況に関連していませんでしたが，全体的な開

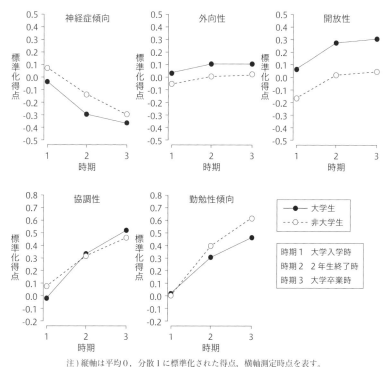

▲図 6-6　大学生と非大学生（社会人・職業訓練中）の性格得点の変化
(Ludtke et al., 2011 を改変)

放性の高さは人間関係でうまく適応できることや一人暮らしを始めることなどに関連していました。協調性の上昇は，人間関係の適応や海外留学などに関連していました。そして勤勉性の上昇は，新しい仕事を始めることに関連し，全体的な勤勉性の高さは学業成績の良さや定職に就くことに関連していました。このように，大学のみならず社会の中での多様な活動が，性格の変化にも関連しています。これは，青年期後半の社会経験が自分自身を変えていくことにもつながることを示唆しています。

3. 恋愛関係

青年期に入ると異性への関心が高まり，実際に交際経験がみられるようになります。そして青年期後期になると，交際経験をもつ人のほうが多数派になってきます。ある調査によると（日本性教育協会,

2007），中学生ではおおよそ2割，高校生の6割，大学生の8割がデートを経験しているということです。また，この経験率は近年になるほど少しずつ上昇してきています。その背景には，インターネットの普及による情報の入手のしやすさやお互いのやりとりが容易になってきたこと，世間の慣習よりもお互いの愛情を重視するという価値観の変化があるといわれています（藤井，2013）。

　大野（1995，2000）は，青年期後期の恋愛がアイデンティティの模索や確立と深く関わっていることを指摘しています。そして，大学生のレポートを分析する中で，「アイデンティティのための恋愛」と呼ばれる独自の恋愛スタイルがよくみられることを報告しています。その恋愛スタイルは，次のような特徴をもちます。

　　①相手からの賛美・賞賛を求めたい（「好きだ」「素敵だ」と言ってほしい）。
　　②相手からの評価が気になる（「私のことをどう思う」と言う）。
　　③しばらくすると，呑み込まれる不安を感じる（あまり「好きだ」と言われるとかえって不安になる）。
　　④相手の挙動に目が離せなくなる（「自分のことを嫌いになったのではないか」と気になる）。
　　⑤結果として，多くの場合交際が長続きしない。

　エリクソン（Erikson, 1980/2011）の理論では，異性との交際から結婚にいたる異性との本当の意味での親密さは，青年期終了後の成人期初期に始まります。この時期は現在でいえば，本章で取り上げてきた青年期後期に相当する時期です。そして，異性との本当の親密さは，適切なアイデンティティが確立されたあとで，初めて可能になるとされています。この適切なアイデンティティが十分に発達していない状態で，自分自身のアイデンティティを他者からの評価によって定義づけようと試みる場合に，アイデンティティのための恋愛に陥りやすくなると考えられます。

4節　仕事との関連

1. 求められる人材

　経済産業省（2006）は，職場や地域社会で多様な人々と仕事をしていくために必要な基礎的な力として「社会人基礎力」と呼ばれる概念を提唱しました。社会人基礎力には，前に踏み出し失敗しても粘り強く取り組む「前に踏み出す力（アクション）」，疑問をもち考え抜く「考え抜く力（シンキング）」，多様な人々とともに目標に向けて協力する「チームで働く力（チームワーク）」という3つの能力が想定されています（詳しくは，第7章3節参照）。

　また，日本経済団体連合会（2016）は毎年，企業に対して新卒採用に関するアンケート調査を行っており，「選考にあたって特に重視した点」を5つ選択する質問を行っています（図6-7）。最も多くの企業が重視しているのが「コミュニケーション能力」であり，その次が「主体性」，3番目が「チャレンジ精神」，その次に「協調性」や「誠

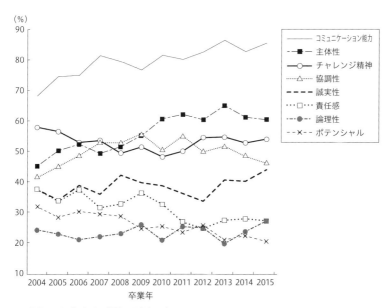

注）縦軸は回答率（％），横軸は調査年を表す。

▲図6-7　就職活動の選考時に重視する上位の要素の推移
（日本経済団体連合会，2016をもとに作成）

第6章　大学生・有職青年（青年期後半）の心理学　145

実性」が位置しています。また，時代の変化も認められます。2004年には7割を切っていた「コミュニケーション能力」は，現在では8割以上の企業が重視すると答えており，「主体性」を重視する企業も増えてきています。その一方で，責任感やポテンシャル（潜在的な能力）を重視すると答えた企業は減少傾向にあります。

　図6-6に示したように，大学生の間にも情緒的に安定し，やさしく，まじめな方向に性格は変化していきます。これらのうち協調性や誠実性は，一定数の企業から採用選考において重視される特性でもあります。しかし，多くの企業が重視するコミュニケーション能力や主体性，チャレンジ精神は，ビッグ・ファイブの5つの性格特性でいえば外向性に近いものだと考えられます。そして図6-6に示されているように，外向性は大学生活を通じて上昇していく側面ではありません。大学での教育が就職に役立たないと批判されることがありますが，もしかすると大学で伸びる特性と，企業が重視する特性とが一致していないところが，その原因の1つなのかもしれません。

2．さまざまな経験から

　ここまで，青年期後期においてもさまざまな経験が自分自身の心理状態を変化させることを述べてきました。就業経験と性格との関連を検討した研究（Roberts et al., 2003）でも，18歳時の性格が26歳時の仕事の質に影響すると同時に，就職後の仕事の質（業績，満足度，収入，新たな活動に従事することなどの刺激）が性格の変化にも影響を及ぼすことが示されています。

　成人期に近くなると，心理的な変化はあまり生じないのではないかという印象を抱くかもしれませんが，青年期後期という時期は一般に思われている以上に，さまざまな活動を通じた心理的側面の変化が生じる時期です。その変化は，この時期に人生の経路が多くのバリエーションに富んだ選択肢をともなって枝分かれしていくことにも関連しています。日々の生活の中で自分自身が納得できる進路を選び，その中で充実した日々を営んでいくことで，自分自身にも良い変化がもたらされると考えられるのです。

現場の声 18

キャリアカウンセラー

● 大学におけるキャリアカウンセラーの仕事とは

　キャリアカウンセラーとは、「個人の興味、能力、価値観、特性をもとに、個人にとって望ましい職業選択を援助し、高めていくキャリア形成の専門家」と一般的にいわれています。相談者に対し「なぜ」という質問は投げかけず、相談者の言葉をそのまま「そうなのですね」と聴き、受容していきます。こうした対話を通して相談者が自身の問題に気づき、整理し解決へと向かうサポートを行います。心理学でいえば、対話によって相談者に気づきをもたらすことを重視する洞察志向アプローチと同じです。

　大学でのキャリアカウンセラーは、学生が大学卒業後、「実社会の中で自分をどのように活かし、どう関わっていきたいのか」「人生をどのように歩んでいきたいのか」を学生とともに考え、促し、実現させていく役割を担っています。卒業後の進路には就職、進学、留学などがありますが、希望する進路が何であっても、学生一人ひとりが希望する進路にたどり着けるように支援し、学生が助けを必要としているときに頼れる、役立つ存在でなければなりません。学生の悩みや不安を聴き、寄り添うことを基本としつつ、積極的に学生と関わります。必要に応じて「なぜ・どうして」と質問を投げかけ、より具体的に考えることを促し、さらに「こうしてみるのはどうだろう」「こういう方法もあるよ」などの助言や方向づけも行います。時には学生の意見や考え方の修正を促すこともあります。カウンセラー側から相談者の心情に迫る具体的なアプローチをするという点では、一般のキャリアカウンセラーのカウンセリングとは少し異なると思います。

● 仕事をするうえで大切にしていること

　大学で学生の進路支援をするときに大切にしていることは，学生の言動を「信じることと疑うこと」です。「信じることと疑うこと」は相反することで矛盾しているように聞こえるかもしれません。

　学生が進路選択をする際，不安や迷い，挫折感に襲われることが多くあります。その中での学生の発言がすべて本心であるとは限りません。たとえば就職活動が思うように進まない中，「もう就職活動をやりたくありません」と言った場合，本当にやりたくない，やりたいけれど自信がない，もう少しがんばってみようと背中を押してほしいなど，その言葉の内にある本当の気持ちには複数の可能性が考えられるのです。学生の言葉を信じつつも疑いながら，本当はどう思っているのか，どうしてほしいのかと想いを巡らせ，一番有効な支援は何かを考えていきます。

　また，キャリアカウンセラー以外のサポートが必要な場合も出てきます。「元気です」と言っていても，明らかに元気ではない，調子が悪そうだと思うことも少なくありません。実際に不眠や食欲不振など，体調不良などを引き起こし，心理カウンセラーや医療機関での治療を必要とすることもあります。学生の言葉や可能性を信じることは基本的に大切なことですが，それだけに固執せずに，学生の表情や顔色，様子にも注意を払い，他者のサポートが必要ではないだろうかと考えることも常に意識しています。

　相談に来る学生は何かしら悩みや不安を抱えています。家族でも友達でもないカウンセラーに心の内を打ち明けるのは簡単なことではないはずです。だからこそ，「信じることと疑うこと」を駆使して，その言葉や表情，態度の内側にはどんな気持ちがあるのかと察し，最善の支援が何なのかを考えることが必要だと考えています。せっかく打ち明けてくれた不安や悩みが「相談して良かった」と少しでも軽くなるように，学生自身が納得できる進路へたどり着くようにとの意識をもって，日々，学生と向き合っています。

現場の声 19

刑事施設の民間心理士

● PFI 刑務所での民間心理職員

　日本には，国と民間が協働で運営するPFI（プライベート・ファイナンス・イニシアチブ）方式の刑務所が全国で4施設あります。従来，国の職員のみが行っていた業務を民間の職員が分担して行っている施設です。通常の成人刑務所をはじめとする刑事施設では，調査専門官や心理技官とよばれる公務員の職員が中心となって受刑者の心理査定を行っていますが，PFI刑務所では民間の心理職員も同様の業務を行っています。

　具体的な業務として，刑が確定し刑務所に入所した受刑者に，まず処遇調査という面接調査を実施します。①心の状態や体調，②生育歴や家族関係，③暴力団や反社会的集団への加入歴，④非行歴や犯罪歴そして犯罪性の特徴，⑤出所後の生活設計などを聞き取り，今後の処遇の参考となる書類を作成します。受刑者の性格や問題性を把握し，どのような集団生活を送ることが適切か，どのような教育プログラムが必要かなどを考えていきます。またCAPAS（キャパス）と呼ばれる法務省式知能検査やウェクスラー式知能検査を実施して，受刑者の知能面での問題把握を行うこともあります。受刑者に知的面で問題があった場合，一般受刑者との共同生活が難しく，高度な工場作業についていけないことなどを考慮しなければならないためです。

　上記の調査で得た受刑者情報から，処遇要領を作成します。各受刑者の問題性に応じて，その受刑者が出所するまでに達成するべき目標を定めていくのです。たとえば，覚せい剤取締法で入所した受刑者には，「薬物使用の問題性の認識および断薬プログラムの受講」，殺人や傷害などの対人犯罪で入所した受刑者には，「被害者の気持ちを省み，事案の重大性や責任の重さを認識する」といった目標を定めるのです。その他に，生活上で問題となっていることや，所内生活で自覚しなければならないことなどを目標に定めていきます。

● 刑務所で働くということ

　刑務所は本来，刑事施設の運営のためにさまざまな訓練を受けた刑務官が規律や作業を第一として業務にあたっています。ルールがたくさんあり，トラブルなく受刑者が生活していくことが重要な社会です。筆者の経験からいうと，独特の文化や多くの決まりがあるため，心理士としての業務よりも，刑務所内での規律や生活に慣れることに労力を使いました。

● 受刑者との関わりで大切なこと

　面接調査はほとんどが受刑者と1対1で行います。PFI刑務所の場合，入所してくる受刑者は初犯の犯罪者であるため比較的素直に面接に応じてくれますが，受刑生活を開始したばかりの受刑者はストレスも高く，慣れない生活の中で不満を抱えていることが多くあります。精神障害のある受刑者もいます。受刑者によっては，警戒心の強い人や威圧的な話し方をする人もいます。そういった受刑者の感情や言動に振り回されず，動揺をみせずに面接を進めることが重要です。その後に自分の面接を振り返り，今後改善すべき点などを考えます。また一緒に働く心理技官や教官に，スーパーバイズを受けることが自分の精神的健康を保つうえでとても大切なことだと思います。

　心理士として働き始めて間もなくのころ，ベテランの心理技官から「犯罪の重さと犯罪性の高さはイコールではない」と言われたことがあります。当初はその意味が理解できずにいましたが，受刑者と日々関わる中で，重篤な犯罪の受刑者だから犯罪性が高く，凶暴なパーソナリティということではなく，軽犯罪の受刑者であっても犯罪性が高く，攻撃性の高い人もいます。罪名に対して先入観をもってしまうと，その受刑者の本質を見逃してしまうということを忘れないようにしています。

● 心理士として働くことのやりがい

　受刑者には知的面での問題から，適切な選択ができずに犯罪にいたる人が少なくありません。また知的能力が高くても複雑な家庭環境の中で育ち，教育を受けられなかった人，発達の過程で人から認められた体験が少なく，傷つきや不安を多く経験してきたことから，成人になっても過度に自信がなく適切な人間関係を築けない人がたくさんいます。共感することが難しい認知の歪みをもつ受刑者と関わることも多々あります。犯罪心理臨床の場で心理士として働くということは，犯罪の原因や更生を考えるだけでなく，人間の複雑な問題や生活背景と向き合いながら，社会の問題を考え続けるという仕事であると思っています。

第7章

成人心理学

活かせる分野

　本章では，青年期の終了から高齢期の始まり頃までに焦点を当てて，成人の心の発達について概観していきます。それに先立って，まず，成人の発達を理解することの重要性を考えてみましょう。

1節　はじめに

1．大人も発達する？

　これまでの章では，人が生を受けてから青年期にいたるまでのさまざまな発達の様子をみてきました。それでは，青年期以降のいわゆる「大人」はすでに発達を完了した存在なのでしょうか。

　心理学は長い間，子どもの目覚ましい成長ぶりや青年期の心身の急激な変化など，主に大人になるまでの心や行動の発達を研究の対象としてきました。一方の大人は発達する子どもを育てる存在として登場するに過ぎず，大人の発達そのものについてはほとんど問題にされてこなかったのです。

　しかしながら，大人の人生にもさまざまな出来事や出会いがあり，時にはそれまでの価値観や生き方を大きく変えるような転機を迎えることもあります。また，大人には，社会や家族におけるさまざまな役割があります。人生の段階やライフスタイルに応じて，それらの役割を果たしたり，ある役割から別の役割へと移行したりしていく必要が

あります。そのような経験に学んだり，影響を受けたりしながら，大人もまた，発達し続ける存在であるということを，最近の成人心理学は明らかにしています。

2．人生 90 年の時代へ

心理学を含む学術研究は，社会のありようと密接に関連しています。少し，日本の社会全体に目を向けてみましょう。図 7-1 は，日本人の平均寿命の推移と将来推計を示しています。1950 年には，日本人の平均寿命は，男性 58 歳，女性 61 歳でした。一方，2013 年には，過去最高の男性 80 歳，女性 86 歳を記録しています。さらに推計を追っていくと，近い将来，人生 90 年の時代がみえてきます。

人生 50〜60 年の時代には，成人期以降の発達を明らかにする必要はあまりありませんでした。その時代には，人生のありようは成人する頃にはほぼ決まっており，子育てや仕事を終えて自分の子どもが成人したり仕事から退いたりする頃には亡くなる場合も多かったからです。しかしながら，現在では，成人期以降の人生が格段に長くなっています。長くなった人生をいかによりよく生きるかということを考えるためには，その間の加齢にともなう心や行動の変化を理解することが不可欠です。日本が初めて経験している高齢化社会は，長期に

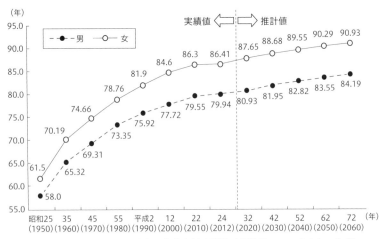

▲図 7-1　日本人の平均寿命の推移と将来推計（内閣府，2014 をもとに作成）

わたる成人期の心と行動の発達を研究する成人心理学の重要な背景となっています。

3．大人の人生の多様さ

　突然ですが，あなたが今から20年後にどのような生活を送っているか，想像してみてください。現在18歳であれば38歳の自分です。あなたは仕事をしていますか？　結婚をしていますか？　子どもがいますか？　余暇をどのように過ごしていますか？　その答えは十人十色，とても多様であると予想することができます。現在の日本では，成人になってからの過ごし方がとても多様です。各々が，仕事をするかしないか，結婚するかしないか，子どもをもつかもたないか，結婚や出産後も仕事を続けるかどうか，社会活動に参加するかどうかなどを，人生のさまざまなタイミングで選択する必要があります。

　自分で自分の人生をつくり上げていくことができる現代は，とても魅力的な時代です。しかしながら，いつでも誰もが「あのときあの道を選んでいたら」とか「私の人生はこれでいいのだろうか」と自問自答を迫られる可能性があります（岡本，2007）。前章で述べられていたように，「自分とは何者か」「私はどう生きるか」の問いに答えを見出すこと（＝アイデンティティの確立）は，青年期の重要なテーマとされてきました。しかしながら，大人の人生が長くなり生き方が多様化している現代は，青年期を越えて成人期に突入するとその後の人生はそのとおりに揺るぎなく進行するという時代ではなくなっています（柏木，2013）。

　図7-2に「発達の木」を描きました。人の発達は，決して1つのラインとして表現されるものではなく，ここに描く木のようにさまざまな方向に枝を広げるようにして進行していきます。さらに，発達にはいくつかの側面があると考えられており，この図では，「身体」「心理」「社会」という3本の木の枝が，互いに交差し重なり合いながら伸びています。こうして，木の上に登るほど，すなわち発達が進行するほどに，さまざまな側面の経験が影響を及ぼし合いながら，人生は多様化していきます。このような成人の発達における多様さを理解することも，成人心理学の重要な関心事となっています。

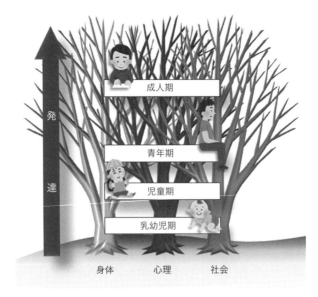

▲図 7-2　発達の木（Berk, 2010 をもとに作成）

4. 大人の人生の段階

　ところで,「お母さんよりも大きくなって,もうすっかり大人ね」「いつまでそんな甘いことを言っている,もっと大人になりなさい」など,大人という言葉はさまざまな場面で使われます。前者の場合は身体の大きさを基準としており，後者の場合には心理的にみて大人といえるようになることをさしているようです。さて，私たちはいつ，大人になるのでしょうか。

　成人期の年齢範囲について，学術的にはいろいろな考え方があります。成人期を区分する段階についても，さまざまな見方があります。たとえば，成人期の始まりを「親からの自立や就職などの社会的な役割の取得」と設定することがあります。その場合，個人により，あるいは社会文化的な風潮によっても，成人期の始まる年齢は異なることになります。一方,成人期の終わりは,人生の最期までを含む場合と,高齢期の始まりとする場合があります。この際にも，高齢者とする年齢をどのように考えるかにより（定年退職や年金受給の年齢などを考慮するなど），やはり，成人期の終わりの年齢は異なります。

　本章では，青年期の終了から高齢期の始まりまでを成人期とし

ます。具体的には，就職などにより社会的な役割を取得する可能性の高い20代半ば頃から，世界保健機関（WHO: World Health Organization）が前期高齢者とする65歳頃までの心理的な発達に着目します。

2節　成人期の発達の理論

　以下では，成人期にはどのような心の発達を経験するのか，いくつかの心理学の理論を概観していきます。

1. ハヴィガーストの発達課題：大人が達成するべき目標とは

　まず，有名な発達課題に関する理論をみてみましょう。アメリカの人間発達学者のハヴィガースト（Havighurst, 1972）は，人生を幼児期，児童期，青年期，成人初期，中年期，高齢期の6つの段階に分けて，それぞれの段階において私たちが達成するべき課題（発達課題といいます）を設定しました。各段階の課題には，その時期の身体的な成熟，社会からの文化的な要請，職業選択などにおける個人の価値や希望が反映されています。

　表7-1に，ハヴィガーストが提唱した成人期（先述の年齢区分と少し異なりますが，成人初期，中年期に当たります）の発達課題を示します。成人期の前半には職業に就くことや新しい家族を形成すること，後半には子どもの自立への援助や身体的な衰退への適応などが達成するべき課題として示されています。

　ハヴィガーストの発達課題の重要な特徴は，社会において適応した生活を送るために必要なことという基準で，教育的な立場から発達の目標としての課題を設定していることです。そして，ある段階の課題を達成すると次の段階の課題も容易になるが，課題の達成に失敗するとその後の人生の課題をクリアすることも難しくなると強調しています。しかしながら，この理論はアメリカの中流家庭を想定しているため，文化や時代背景によって，課題そのものが異なる可能性があるのでは，という批判があります。また，先に述べたように，現代は大人の生き方がとても多様化している時代です。特に，結婚，子どもをもつことや働き方についての選択肢が多く存在し，個人の価値観もさま

▼表 7-1　ハヴィガーストの成人期の発達課題 (Havighurst, 1972；高橋, 2014 をもとに作成)

成人初期 (18歳頃〜30歳頃)	①配偶者の選択 ②結婚相手と暮らすことの学習 ③家庭をつくる ④育児 ⑤家の管理 ⑥職業の開始 ⑦市民としての責任を負う ⑧気心の合う社交集団を見つける
中年期 (30歳頃〜60歳頃)	①10代の子どもが責任を果たせる幸せな大人になるよう援助する ②大人の社会的責任，市民としての責任を果たす ③職業生活での満足のいく地歩を築き，それを維持する ④大人の余暇活動をつくり上げる ⑤自分をひとりの人間として配偶者に関係づける ⑥生理学的変化の受容とそれへの対応 ⑦老いてゆく両親への対応

ざまな現代に，すべての人に共通する発達課題を設定することがはたして可能なのかという議論もあります。一方，身体的な加齢への適応や社会人としての成熟についての課題は，現代の日本を生きる私たちにとっても重要な示唆を与えるものと考えられます。

2. エリクソンの生涯発達論：親密性から世代性へ

　人は，誕生してから一生を通じて発達していく存在であるとし，乳児期から高齢期までの心の発達を包括的にとらえていこうとする考え方を生涯発達論といいます。生涯発達論は，成人期以降にもさまざまな成熟に向かう変化があること，そこには多くの人々が共通して経験する心理的変化のプロセスがあることを強調しています。

　現在広く受け入れられている生涯発達論を提唱した研究者はエリクソン（Erikson, E. H.）です。エリクソン（Erikson, 1950）は，人間の心は生涯を通じて発達・成長していくものであるという展望を示し，「人間の 8 つの発達段階」と題する人間の生涯全般にわたる発達論を展開しました（図7-3）。エリクソンによれば，乳児期から高齢期までの 8 つの発達段階には，それぞれの時期に最も顕著となる心理的葛藤があります。人は生涯にわたり，それらの葛藤を克服していく中で人間的な強さ（徳）を獲得していきます。

高齢期							統合 対 絶望 〈知恵〉
成人期						世代性 対 停滞 〈世話〉	
成人初期					親密性 対 孤独 〈愛〉		
青年期				アイデンティティ 対 拡散 〈誠実〉			
学童期			勤勉性 対 劣等感 〈有能〉				
幼児期		自主性 対 罪悪感 〈目的意識〉					
幼児期初期	自律性 対 恥・疑惑 〈意思〉						
乳児期	基本的信頼 対 基本的不信 〈希望〉						

心理的葛藤とそこから獲得される人間的な強さを示す。

▲図 7-3　エリクソンの 8 つの発達段階 (Erikson & Erikson, 1997 をもとに作成)

　成人期の 1 つめの心理的葛藤は「親密性 vs 孤独」です。親密性は，特定の人との深く長く親密な関係を形成，維持することにより獲得されます。1 つ前の段階の青年期はさまざまな自己探求や模索を経て，自分のあり方や生き方を主体的に選択する時期でした。成人初期には，青年期に確立したアイデンティティを親密な他者と融合し，親密性を高くすることによって，人間的な強さとしての愛(ラブ)を獲得します。一方，他者との闘争的，防衛的な関係は孤立を招くとされています。

　成人期の 2 つめの心理的葛藤は「世代性 vs 停滞」です。世代性とは，子どもを育てること，後進を導くこと，創造的な仕事をすることなどを通じて，次の世代に関心を向け，社会に貢献することにより高まっていく成熟性です。すなわち，他者の存在に責任をもち，重要な他者に自分のエネルギーを注ぐことは，自分自身の成長，発達にもつながるのです。世代性の発達を通じて獲得する人間的な強さは世話(ケア)であり，

大切な人の幸せのために具体的な行動を実践することができる能力であるとされています。一方,成人になってもなお,自分中心の世界にいて関心が自己に集中しているような場合には,自己陶酔や停滞感に陥ると考えられています。

エリクソンの生涯発達論が描く,成人期の発達をまとめてみましょう。

①私たちは青年期に自分の生き方を模索し,アイデンティティを確立して成人期を迎えます。

②成人の初期には,互いにアイデンティティの主題を解決した他者との親密な関係を築くことにより,愛する能力を獲得し,親密性を発達させます。

③その人間的な能力を基盤として,次世代を育み,次世代に積極的に関心をもち,次世代に残すものをつくり上げようとする世代性の発達へと進んでいきます。

ただし,現代の社会では,人はこのように一方向に発達するわけではなく,自分の存在や生き方の模索は,生涯を通して繰り返し行われることが指摘されています。このことについては,後述します。

3. レヴィンソンの人生の四季：生活パターンの変化

成人もまた,成長,発達する存在であるということを示したもう1つの発達の理論をご紹介しましょう。

レヴィンソン (Levinson, 1978) は,成人男性数十名の半生をつづった自分史をまとめて,人生を4つの季節にたとえました。春は生まれてから青年期まで,夏は成人前期,秋は成人後期,冬は高齢期です。そして,それぞれの季節における生活の基本的なパターンに着目し,成人期には,生活パターンが安定している時期と変化する時期が交互にやってくること,それらの橋渡しをする重要な「過渡期」が存在することを明らかにしました。図7-4に,レヴィンソンが提唱した成人の発達段階を示します。

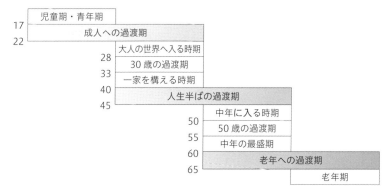

▲図 7-4　レヴィンソンの発達段階（Levinson, 1978 をもとに作成）

　重要なことは，過渡期とは人生の危機的な時期でもあり，この時期をうまく乗り越えることが次の安定した生活のパターンを形成すると考えられていることです。季節の移り変わりの時期ともいえる大きな過渡期は，17 〜 22 歳の「成人期への過渡期」，40 〜 45 歳の「人生半ばの過渡期」，60 〜 65 歳の「老年への過渡期」です。レヴィンソンは特に，40 代前半の「人生半ばの過渡期」を人生の最も重要な転換期であるとし，「若さの喪失と老いの自覚」「死への対峙と残された生への渇望」などの基本的な対立を調節し，統合していくことが課題であると考えました。

　この研究が行われた当時，成人期は人生の中で比較的安定した最盛期であると考えられていました。しかしながらレヴィンソンは，成人期にも多くの人々が経験する発達のプロセスがあり，そこには急激に心理的な変化の生じやすい時期が存在することを明らかにしました。なお，図 7-4 は男性のみを研究の対象とした分析から作成されています。後にレヴィンソン（Levinson, 1996）は女性を対象とした面接調査を行い，女性にも男性と同じような心の発達がみられること，しかし女性は結婚や出産によって生活パターンが変わりやすいために，より多くの過渡期を経験する可能性があることを指摘しています。

3節　成人期の発達に関わる経験

1. 親になること

　ここまでに，高齢化により成人してからの時間が長く多様化していること，人生を過ごす中で成人期にもまた，さまざまな成長，発達が生じることを指摘してきました。以下では，成人の発達に深く関わる経験をいくつかみてみましょう。皆さんが成人期を迎える前の場合には，将来の自分を想像しながら，あるいは身近な大人の姿を重ねながら読んでみてください。

　自分の子どもが生を受けたとき，私たちは初めて親の役割をもちます。先に少しふれたように，以前の心理学では，親は子どもの発達やさまざまな問題に責任をもつ存在として扱われており，父親や母親は子どもにとって重要な環境要因としてのみ，研究の対象とされてきました。しかしながら，「育児」は「育自」といわれます。子どもを育てることで人間的に成長したという話を聞くことは決してめずらしくありません。

　心理学者のフェルリッチ（Ferrucci, 1999）は，父親としての経験を以下のように記しています。

　　　ぼくも子どもたちから，しぼられ，なぶられ，コケにされて傷ついた。子どもはまったく容赦しない。悪魔のような直観で，ぼくがいちばん隠しておきたい弱点を明るみに出す。そういったプロセスのひとつひとつがぼくを変えた。なんらかの痛みや苦しみを負わせながら，ぼくを別人にした。…子どもたちのそばにいると，刺激されてぼくらも変わる。いっしょに暮らしていると，ぼくらが成長できるのだ。

　子どもとの関わりは思い通りにならないことが多いものです。親も子どもを中心とした新しい生活や状況に適応し，子どもの成長に合わせて役割を獲得していく必要があります。また，子育ては，自身の子ども時代を生き直したり，子どもによって改めて自分の生き方を問い直されたりする過程でもあります。このような経験は，成人の発達に深く関与すると考えられます。

　子どもを育てることは，具体的に親にどのような心の発達をもたらすのでしょうか。柏木・若松（1994）による先駆的な研究では，幼

▼表7-2 親となることによる人格発達（柏木・若松，1994をもとに作成）

柔軟性	考え方が柔軟になった 他人に対して寛大になった いろいろな角度からものごとを見るようになった
自己制御	他人の迷惑にならないように心がけるようになった 自分の欲しいものなどを我慢できるようになった 自分の分をわきまえるようになった
視野の広がり	環境問題（大気汚染・食品公害）に関心が増した 児童福祉や教育問題に関心をもつようになった 日本や世界の将来について関心が増した
運命と 信仰の受容	人間の力を超えたものがあることを信じるようになった 信仰や宗教が身近になった ものごとを運命だと受け入れるようになった
生きがい	生きている張りが増した 自分がなくてはならない存在だと思うようになった
自己の強さ	多少他の人と摩擦があっても自分の主張は通すようになった 自分の立場や考えはちゃんと主張しなければと思うようになった

児の親が「どのように（子どもをもつ前と比べて）成長したと感じているか」を調査しました。表7-2を見てください。親になったことにより，父親や母親自身が複数の次元において成長したと感じていることがわかります。たとえば，親たちは自分の思い通りにならず，時には自分の理解を超えた子どもという存在と関わることにより，思考が柔軟になります。自分をかけがえのない存在と感じるようになります。また，自分を抑制することと同時に，必要なときには妥協しないような強さを身につけます。

　重要なことは，この研究において明らかになった成長の内容が，親としての領域にとどまらず，人間として，あるいは成人としての成熟の方向を示していることです。もちろん，先に述べたエリクソンの生涯発達論における「世代性」の発達も，親となることと深く関わっています。子どもを育てることを通じて発達する世代性は，その後，私的な親子の関係を超えて，次の世代やより広い社会へと広がり，成熟していくと考えられています。

2. 職業に就くこと

　職業に就くことは，成人前期における大きな出来事の1つです。仕事はいうまでもなく経済的な自立の手段として重要です。加えて，仕

前に踏み出す力（アクション）	考え抜く力（シンキング）
1歩前に踏み出し，失敗しても粘り強く取り組む力	疑問をもち，考え抜く力

前に踏み出す力（アクション）
- 主体性：物事に進んで取り組む力
- 働きかけ力：他人に働きかけ巻き込む力
- 実行力：目的を設定し確実に行動する力

考え抜く力（シンキング）
- 課題発見力：現状を分析し目的や課題を明らかにする力
- 計画力：課題の解決に向けたプロセスを明らかにし準備する力
- 創造力：新しい価値を生み出す力

チームで働く力（チームワーク）
多様な人々とともに，目標に向けて協力する力

- 発信力：自分の意見をわかりやすく伝える力
- 傾聴力：相手の意見を丁寧に聴く力
- 柔軟性：意見の違いや立場の違いを理解する力
- 状況把握力：自分と周囲の人々や物事との関係性を理解する力
- 規律性：社会のルールや人との約束を守る力
- ストレスコントロール力：ストレスの発生源に対応する力

▲図7-5　社会人基礎力（経済産業省，2006）

事を通じてさまざまな経験（時に葛藤や失敗なども含みます）を重ねていくことは，親になることなどとは異なった形で成人の心理的な発達に大きな影響を与えると推測できます。仕事にはどのような能力が必要とされるのでしょうか。

　図7-5は，2006年に経済産業省が提唱した「社会人基礎力」の内容です。社会人基礎力とは，職場や地域社会で多様な人々と仕事をしていくために必要な基礎的な力のことで，前に踏み出す力，考え抜く力，チームで働く力の3つの能力で構成されています。これらの能力を眺めてみると，自分で考える主体的な態度を形成しながら，他者と適切に関わり合うことなど，職業以外の場面でも重要な人間的能力であり，仕事を通じて向上するとも考えられます。

　さらに，成人期の発達と仕事に関わる現代的な問題を考えてみましょう。かつての日本では，一度就職すると定年を迎えるまで同じ職場で働く終身雇用が一般的でした。しかしながら近年では，社会的な制度としても個人の職業観としても，終身雇用の形態は崩壊しつつあります。実際に，大学卒業後に就職した人のうち約3割が最初に就いた職業を3年以内に辞めるといわれており，離職や転職をする人が増えています。青年のころに「私はどう生きるか」に向き合いなが

ら進路の選択を行ったとしても，長い人生のさまざまな節目において，私たちはいくどもアイデンティティの揺らぎや問い直しに直面する可能性があります。

　「キャリア」という言葉があります。一般的には職業経歴を意味することが多いですが，成人の心理学では人生のある年齢や場面でのさまざまな役割の組み合わせをさします。キャリアの発達を考えることは，加齢にともなってどのように役割（職業人，親，配偶者，余暇，市民など）を組み合わせながら，人生に主体的に関与していくかを考えることです。先に述べたように，現代の日本は大人の人生が多様化し，生き方の選択肢の多い時代です。また，エリクソンやレヴィンソンの発達論に示されるように，加齢にともなうさまざまな心理的な変化の過程があり，発達の段階によって心理的な課題も異なります。長い生涯を見通しながら，職業を含むさまざまな役割をどのように組み合わせて関わっていくかを考えることが重要です。

3．人生半ばの危機

　孔子は論語の中で，「三十にして立つ，四十にして惑わず」と述べました。四十というと人生の折り返しのあたりです。四十になると，本当に惑わず，人生は安泰なのでしょうか。いえ，おそらくそうではありません。

　近年，人生の中で40代は心理的にも身体的にも社会的にも危機を経験しやすい時期であることがわかってきています。図7-6は，40代（中年期ともいいます）に体験しやすい変化と，そこから生じやすい心理臨床的な問題をまとめたものです。岡本（2007）は，これらの心理的な危機は，男女，職業の有無や職種にかかわらず，多くの成人が経験すると指摘しています。

　人生半ばの危機の中核的な問題となるのは，自己の有限性の自覚です。人生を折り返す時期となり，死という人生の終末への思索が深まります。そして，30代の頃には頭で理解していてもあまり実感がわかなかったこと—自分の体力や能力，働くことができる時間，家族と一緒に過ごすことができる時間が無限ではないこと—を実感するようになります。身体的な変化としては，生理的加齢現象から体力の衰えを感じるようになり，老いを自覚します。家族関係においては，自立

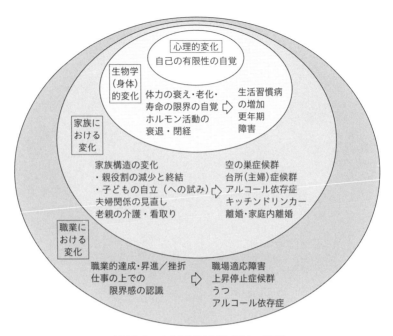

▲図7-6　人生半ばの危機 (岡本, 2010)

していく子どもとの関係や夫婦関係の見直しが必要となります。また，老いた親の介護のために，さまざまな調整を行うこともあります。さらに職業人としては，仕事上の限界感を認識することが多いと指摘されています。先に述べたように，レヴィンソンは40代の前半を「人生半ばの過渡期」として，人生における最も重要な転換期と考えました。その背景には，ここに述べたような複数の側面における心理的な危機が存在していると考えられます。

　しかしながら，成人の発達にとって重要なことは，人生半ばにこのような心や身体のネガティブな変化を経験することが，それまでの生き方について主体的に考えて将来の生き方への模索を行い，納得のいく生き方を改めて獲得する大きなきっかけになるということです。現代は，成人期から高齢期にかけての人生がとても長い時代です。人生の半ばの時期に改めて自らに向き合い，再獲得した自分らしさや自分の生き方は，人生後半の発達を進めていく大きな力になると考えられます。

4. 豊かな高齢期に向けて：子どもの独立と職業からの引退

　成人期の後には高齢期がやってきます。最初に述べたように，私たちは人生90年の時代を迎えようとしています。それは高齢期の人生が約30年間に及ぶ時代です。以下では，成人期から高齢期への移行をスムーズにし，高齢期をよりよく迎えることに関連する成人期の2つの経験を示します。

(1) 子どもの独立

　子どもは成長とともに，家族との関係を変化させていきます。特に，「自分とは何者か」「私はどう生きるか」を模索する青年期には，親からの心理的な自立やそれにともなう心理的な葛藤に直面することが多いと指摘されています。成人である親もまた，それらの心理的な葛藤に向き合うとともに，子育てを行ってきた自分自身の人生を再評価することを迫られます。その後，子どもは独立して巣立っていきます。これらの過程で，特に子どもの世話や成長を生きがいとしてきた場合には，自分の存在する価値を見失い，「空の巣症候群」に陥ることがあります。一方，子どもの独立をきっかけに，その後の人生を積極的に問い直し，新しく趣味や社会参加を始める人も多くみられます。高齢期に向けて新しい家族関係と生き方の再構築を行うことは，成人期の後半の最も重要な課題であると考えられます。

(2) 職業からの引退

　職業からの引退も，高齢期に向かう発達に影響を及ぼす重大な出来事です。先に述べたように，職業の経験は多くの人間的成長をもたらします。また，仕事をもつことは経済の安定というだけではなく，自分の存在意義や自己実現とも深く関わっています。したがって，職業からの引退は，退職後の心理的な状態に大きな影響を及ぼすと考えられます。

　加えて，職業からの引退の仕方は，社会的な状況にも大きく左右されます。経済が低迷する社会においては，早期退職やリストラがさかんに行われることから，定年を間近にして失業することが多くあります。また，大企業では50代から子会社や関連会社への出向が頻繁に

行われるために，地位が安定しなかったり，引退にいたる過程が曖昧になったりすることもあります。

　職業からの引退は，人生における出来事の中でも比較的，予測可能な経験です（Neugarten, 1979）。創造的な老いを考察する日野原（2002）は，「何かを創(はじ)める引退」と表現しました。職業からの引退を他の役割への移行として考えるキャリア発達の視点に立ちながら，また，生涯発達の過程にその経験を位置づけながら，退職後の人生を考えることが重要であると考えられます。

4節　成人心理学と仕事

　ここまで，私たちが成人として生きる時間が長くなっていること，成人の生き方がとても多様化していることを示しました。そして，成人心理学の研究から，成人の人生にも成熟に向かう発達があり，発達と関連する多様な経験があることを指摘してきました。2節で示した発達の理論は，成人期にも人々に共通した心理的変化の過程があることを明らかにしました。3節では，成人の発達を促したり，その多様さをもたらしたりする重要な経験をいくつか示してきました。本節では，成人心理学と仕事との関わりについて考えてみましょう。

1. 仕事をもつ当事者としての成人について

　成人の多くは仕事をしています。また，結婚や出産で退職した女性の多くは，子どもの成長に応じて再就職を考えているといわれています。長い成人期には，さまざまなタイミングで仕事や働き方を変えようとすることもあります。すなわち，仕事をもつことや働き方，仕事と他の役割の組み合わせを考えることは，生涯の中でも特に，成人期に直面する重要なテーマとなります。成人心理学を通じて成人の心の発達（多くの人に共通の心理的成熟の過程や発達の多様さ）を理解することは，私たちがその時どきの自分にあった働き方を考える際にも，自分の人生に仕事を意味づけるためにも重要であると考えられます。

2．成人心理学と関わりの深い仕事について

　成人心理学の知見が最も重要となるのは，やはり，心理臨床的援助の仕事です。本章では，成人期に経験するさまざまな心理的な危機についても記述しました。これらは，自分の生き方や自己のあり方を再評価する岐路として，多くの成人が経験するものであることは先述したとおりです。しかしながら，このように危機を多く含んだ成人期は，生涯の中でも特に，深刻な心の問題を生じやすい時期です。成人の心理臨床にたずさわる際には，現在の社会的な状況もふまえながら（成人の心理的な問題には，社会文化的な要素が大きく関連します），成人の心の発達についての理解を深めていく必要があります。成人発達臨床の詳細については，岡本（2007, 2010）を参照してください。

　また，保育士や学校の先生の仕事を考えてみましょう。子どもの健やかな発達を目指す教育の現場では，保護者とのよりよい連携が不可欠です。一方，保護者と子どもの関係が問題になったり，保護者の子どもへの強い期待や過剰な関わりが子どもの成長を妨げたりすることもあります。親子関係や保護者の様子を理解しようとする際には，今まさに発達しつつある子どもだけではなく，子どもと対峙する親もまた，子どもとの関わりを通じて，あるいは自己の問い直しを通じて発達していく存在であることを認識することが重要です（中西・西田，2013）。

　最後に改めて，日本社会の状況に目を向けてみましょう。総務省統計局（2014）のデータでは，25〜65歳の成人は日本人の総人口の過半数の52％にあたります（ちなみに0〜24歳は22％，65歳以上は26％でした）。私たちはどのような仕事に就くとしても，成人と関わる機会が多いと推察できます。成人心理学を学び，成人の心の世界を知ることは，仕事をする中で生じる多くの状況を理解するために有意義です。さらに，多くの仕事を通して，社会全体が成人の発達の現代的な様相について理解を広げていくことは，高齢化が進行する日本がより成熟した大人の社会へと発展していくためにも重要なことであると考えられます。

万引きＧメン（店内保安員）

現場の声 20

● 知られざる保安員の実情

「現行犯人は，何人でも，逮捕状なくしてこれを逮捕することができる」
(刑事訴訟法 第二一三条)

　この法を利用して業(なりわい)としているのが，万引きＧメン（保安員）という仕事です。資格が必要な仕事だと思われがちですが，前科がない，アルコールや薬物の中毒者ではないなど警備業法に規定される欠格事由に該当しなければ，30時間を超える研修を受講するだけで誰でもなれる職業で，何ら特別な捜査権はもちません。警備会社に所属する保安員の日常業務の流れをいえば，所属する警備会社の営業マンなどが開拓したクライアントの各店に派遣され，1日8時間を目安に店内を私服で巡回します。常習犯に顔を覚えられる危険性などをふまえて，同じ現場に常駐するケースはまれで，日々違う店舗に派遣されることがほとんどです。直行直帰の仕事なので気楽ですが，警察対応で深夜残業を求められることがたびたびあり，勤務日に予定を入れにくいところが難点といえるでしょう。店内だけでなく警察署の取調室も仕事場の1つといえ，普通の人はなかなか乗れないであろうパトカーに乗る機会は多く，警察官や刑事，検察官を相手に仕事をする場面も多いです。

　保安員の主たる業務は万引きの防止や摘発ですが，それ以外にも詐欺（主に値札の貼替えや返品を利用した詐欺）や痴漢（盗撮・露出狂・トイレなどへの連れ込み），置き引き，スリ，粗暴犯など，あらゆる店内犯罪を摘発対象としています。人を逮捕するという作業は非常に責任の重いことですから，犯罪行為の一部始終を自分の目で確実に目撃しなければなりません。万引き犯を摘発する場合の例をあげれば，まず第一に商品を棚から取るところを見ることで自店商品であることを確認して，その商品を自己の支配下におく実行現場を目撃する。それから未精算であることを確定させるために，犯罪の既遂時期が到来する店外に出るまで追尾して，そこで初めて声をかけることができるのです。このように犯行の一部始終を目撃することを「現認」といいますが，このうち1つでも見逃してしまえば窃盗罪の犯意成立要件は満たされず，捕捉することはできません。そうなれば泥棒であろう人物を見送るほかなく，捕まらないよううまくやれば堂々と持ち出せる犯意成立要件の難解さと，声かけすらできない自分の存在意義に疑問を抱く結果を招きます。また，捕捉がなければ1日に2万歩以上も歩くことになるので，肉体労働の側面をもつ仕事といえ，さらには逮捕時に被

疑者から暴行される危険負担も背負います。危険負担のわりには社会的地位が低く，わずかな収入しか得られないため，長続きする人は少なく，ベテランになるほど重用される傾向が強い職種といえるでしょう。

● 万引き犯を見つける方法

「万引きする人が，どうしてわかるんですか？」万引きした被疑者を事務所に連行すると，お店のスタッフや警察官に，よく驚かれます。不特定多数の来店者から，誰が万引きするのかを判別するには，その挙動を分析するしかありません。保安員が基本とする着目ポイントは「目つき，顔つき，カゴの中」といわれており，まずはそこから警戒対象を割り出します。そうして気になった者の商品の取り方や歩く速度，服装，持ち物などを観察することで来店者の買う気を見極め，通常客と万引き犯を見分けているのです。万引きする者の動きは，人を探していたり，試食狙いであったり，トイレだけを借りるときなどの挙動に似ています。その挙動の意味が判明した正常な客を見捨てていくと，買い物にきたとは思えない挙動不審者だけが残ることでしょう。その人こそが万引きするのです。

● 見過ごせない過大な万引き被害

平成18年5月には，万引き犯に適用される窃盗罪（刑法二三五条）が改正され，10年以下の懲役刑の他に50万円以下の罰金という罰条が新たに制定されました。状況によってはおにぎり1個を窃取して，数十万円の罰金を支払う羽目に陥ることもめずらしくありません。それでも一向に減少する気配は感じられず，罪の意識が薄い高齢の常習犯をはじめ，既遂時期の理論を悪用する手口を用いる被疑者や，強奪というべき危険な手口を用いる集団万引きが増加傾向にあります。平成27年度の日本全国における万引き被害総額は1兆407億円（推定）であると試算されており，国民一人あたりの負担に換算すれば年間1万2千円（平成27年度）を超えます。捕まえることで罪の重さを知らしめ，万引きをやめるきっかけを作る。その一念で活動していますが，最近の風潮を言えば，居直る人や自身の行為能力を自ら否定する人が多く，聞くに堪えない言い訳を繰り返す人が目立ちます。捕まえてもらってよかったと改心の情をみせる人もいますが，万引きがなくなる日は果てしなく遠いといえるでしょう。

産業カウンセラー

● はじめに

　筆者が所属する会社の健康管理室は，当社の技術センターおよび製作所で働く社員の健康維持を目的として設置され，マネージャー1名，産業医3名，保健師4名，臨床心理士3名で構成されています。それぞれの仕事は会社の規則で定められ，臨床心理士はメンタルヘルス（心の健康）ケア全般を任されてきました。近年はキャリア発達の視点を盛り込んだケアに取り組み始めており，今回はその中から，臨床心理士にとって中核の仕事であるカウンセリング，コンサルテーション，メンタルヘルス研修会を紹介します。

● キャリア発達とは

　シャイン（Schein, 1978）は，キャリアを年齢で分類した発達段階とそこで達成すべき課題を概念化しましたが，若林（2006）はそれを下の表の

①成長・空想・探索 （〜21歳くらい）	職業興味を形成して希望職業に就くための学歴や資格を獲得する。
②仕事世界参入 （〜25歳くらい）	期待と現実のギャップから生じるショックを調整しながら職業人としての基礎的訓練を受ける。
③初期キャリア （〜30歳くらい）	有能な部下として実力をつけて将来の役割の基礎をつくる。
④中期キャリア （25〜45歳くらい）	中堅社員として高い専門性と責任を担う。
⑤中期キャリア危機 （35〜45歳くらい）	かつて描いた夢や野心と比較して現実や将来の可能性を再評価する。
⑥a）非リーダーとしての後期キャリア （40歳〜定年）	専門や経験を深めて職場の年長者として影響力を発揮する。
b）リーダーとしての後期キャリア （40歳〜定年）	高い責任と権限をもち重要な問題の解決に向けてエネルギーを投入する。
⑦下降と離脱 （40歳〜定年）	定年退職に向けて後進に仕事を譲るとともに退職後のプランを準備する。
⑧退職	

注）若林，2006をもとに作成

ようにまとめています。

● キャリア発達の視点を盛り込んだメンタルヘルスケア

　キャリア発達は生涯を通して求められるものであり，メンタルヘルスが不調の社員のカウンセリングにも，キャリア発達課題を背景とした事例がさまざまな世代で数多くあります。その場合，相談者の特徴や置かれた状況を臨床心理査定して，不調の要因となっているキャリア発達課題を一時的に遠ざけますが，落ち着いたところで発達課題について改めて考えてもらい，相談者なりのペースで取り組めるような援助を続けていきます。

　職場の協力を得るほうが効果的な事例では，相談者の同意を得たうえで職場の上司にコンサルテーションを行うこともあります。その際は，臨床心理士が一から十まで助言するのではなく，相談者が自ら上司へ協力を依頼した後に，専門的知識から補足する程度にとどめています。その理由は，相談者にとっては上司との率直な意見交換が，上司にとっては適切な方法での部下育成が，各々のキャリア発達課題でもあるため，これを機会に身につけてほしいとの意図があるからです。

　メンタルヘルス研修会は，社員が自分のために行うセルフケアと，上司が部下に対して行うラインケアを基本プログラムとして，対象となる世代，職位，部門ごとに内容を取捨選択しています。中でも新入社員や昇進者向けの研修会は，受講者がキャリア発達段階の移行の真ったダ中であることから，発達段階に関する講義を盛り込みます。著名な理論とともに，蓄積された社内の知見を織り交ぜてイメージしやすくなる工夫をしながら，代表的な課題と一般的な対処法を解説していきます。この先に起こるかもしれない発達課題との奮闘への構えを形成できれば，スムーズなキャリア発達を促したり，メンタルヘルスの不調を未然に防止できるかもしれないと考えています。

● 終わりに

　今回紹介したキャリア発達の視点を盛り込んだ援助は，近年新たに取り組み始めたものの1つで，そこにはいくつかの思いが込められています。それは会社におけるメンタルヘルスケア活動に臨床心理士の専門性を発揮したいという思いと，臨床心理士の活用法を模索している会社に対して有効性を示したいという思いです。そこにはさらに，臨床心理士を採用している会社が未だ限られている現実を少しでも変えていきたいという思いもあります。会社を含む産業領域はメンタルヘルスケアにおいてはまだ途上です。これからこの領域を目指す人たちとともに，臨床心理士をはじめとした心理職の活躍できる場が増えていくことを期待しています。

付録 さらに勉強するための推薦図書

「発達心理学」あるいは「生涯発達心理学」と題する書物は，数多く出版されています。それぞれに特色があり，どれを読んでも勉強になるでしょう。ここでは代表的な図書を紹介しましょう。

『発達心理学Ⅰ・Ⅱ』
無藤隆・子安増生（編）（2011/2013）東京大学出版会

2冊からなる本書は，人間の発達過程について，「胎児期・周産期」「乳児期」「幼児期」「児童期」「青年期」「成人期」「老人期」と年齢の順序を追って説明しています。また，それぞれの時期での「身体」「認知」「感情」「言語」「社会」という5つのカテゴリー（領域）で発達の様子を記述しています。さらに「家族・地域・メディア」と「障害と支援」という重要なテーマも扱っています。日本発達心理学会設立20周年を記念するために企画された図書で，第一線の研究者約60名が執筆しています。発達心理学の知識を体系的・専門的に学ぶには，最適な書物でしょう。

『新・発達心理学ハンドブック』
田島信元・岩立志津夫・長崎勤（編）（2016）福村出版

「発達の理論と展望」「生涯発達の道筋」「発達の機序と諸相」「現代社会と発達」「発達の障害・臨床」「発達研究における資料の収集と分析」の6部構成になっています。総勢100名による全75章と付録「発達関係のテスト」からなり，約1,000ページに及ぶハンドブックです。発達研究は，「認知科学」「文化心理学（文化科学）」，そして生物科学と社会科学を統合した「発達科学」へと収斂していくと指摘しています。現時点で我が国の発達心理学の到達点，現状を知るうえで欠かせない書物と言えます。かなりレベルの高い学術書です。

『キーワードコレクション発達心理学』（改訂版）
子安増生・二宮克美（編）（2004）新曜社

上にあげた2つの書物はかなり大部なものです。そこで3冊目として手短に「発達心理学」を学べる書物を取り上げます。50の精選されたキーワード（例，心の理論，向社会性，幸福など）を4ページで解説した形式をとっています。発達心理学の分野で高い評価を得ている10人が執筆しています。初学者向けですが，引用文献などは学術書並みに整備されています。

文 献

● はじめに
Cairns, R. B., Elder, G. H. Jr., & Costello, E. J.（Eds.）（1996）．*Developmental Science*. New York: Cambridge University Press.（本田時雄・髙梨一彦（監訳）（2006）．発達科学：「発達」への学際的アプローチ　ブレーン出版）

日本発達心理学会（編）（2011~）．発達科学ハンドブック1～8　新曜社

● 第1章
Ainsworth, M. D. S., Blehar, M. C., Waters, E., & Wall, S.（1978）．*Patterns of attachment: A psychological study of the strange situation.* New Jersey: Erlbaum.

安藤寿康（2016）．行動遺伝学からの示唆　田島信元・岩立志津夫・長崎　勤（編）新発達心理学ハンドブック（pp.204-210）福村出版

Ariès, P.（1960）．*L'enfant et la vie familiale sous l'Ancien régime*. Paris: Plon.（杉山光信・杉山恵美子（訳）（1980）．〈子供〉の誕生―アンシァン・レジーム期の子供と家族生活―　みすず書房）

Baltes, P. B.（1987）．Theoretical propositions of life-span developmental psychology: On the dynamics between growth and decline. *Developmental Psychology*, **23**, 611-626.

Baltes, P. B.（1997）．On the incomplete architecture of human ontogeny: Selection, optimization, and compensation as foundation of developmental theory. *American Psychologist*, **52**, 366-380.

Baltes, P. B., Reese, H. W., & Lipsitt, L. P.（1980）．Life-span developmental psychology. *Annual Review of Psychology*, **31**, 65-110. DOI:10.1146/annurev.ps.31.020180.000433.

梶川祥世（2016）．実験研究法　田島信元・岩立志津夫・長崎　勤（編）新発達心理学ハンドブック（pp.813-818）福村出版

川島一夫・渡辺弥生（編）（2010）．図で理解する発達―新しい発達心理学への招待―　福村出版

子安増生（2011）．発達心理学とは　無藤　隆・子安増生（編）発達心理学Ⅰ（pp.1-37）東京大学出版会

Lerner, R. M.（1998）．Theories of human development: Contemporary perspectives. In W. Damon & R. M. Lerner（Eds.），*Handbook of child psychology: Theoretical models of human development*（vol.1, 5th ed.）．New York: John Wiley & Sons.

中澤　潤（1997）．人間行動の理解と観察法　中澤　潤・大野木裕明・南　博（編）心理学マニュアル観察法（pp.1-12）北大路書房

日本発達心理学会（編）（2013）．発達心理学事典　丸善出版

岡本夏木・清水御代明・村井潤一（1995）．発達心理学辞典　ミネルヴァ書房

Turkheimer, E.（2000）．Three laws of behavior genetics and what they mean. *Current Directions in Psychological Science*, **9**, 160-164.

渡辺弥生（2011）．子どもの「10歳の壁」とは何か？―乗りこえるための発達心理学―　光文社

● 第2章
Ainsworth, M. D. S., Blehar, M. C., Waters, E., & Wall, S.（1978）．*Patterns of attachment: A psychological study of the strange situation*. New Jersey: Erlbaum.

Blum, D.（2011）．*Love at Goon Park: Harry Harlow and the science of affection*（2nd ed.）．Basic Books.（藤澤隆史・藤澤玲子（訳）（2014）．愛を科学で測った男―異端の心理学者ハリー・ハーロウとサル実験の真実―　白揚社）

Craig, K. D., Whitfield, M. F., Grunau, R. V., Linton, J., & Hadjistavropoulos, H. D.（1993）．Pain in the preterm neonate: Behavioural and physiological indices. *Pain*, **52**（3），287-299.

DeCasper, A. J., Lecanuet, J. P., Busnel, M. C., Granier-Deferre, C., & Maugeais, R.（1994）. Fetal reactions to recurrent maternal speech. Infant Behavior and Development, **17**（2）, 159-164.
Eisenberger, N. I., Lieberman, M. D., & Williams, K. D.（2003）. Does rejection hurt? An fMRI study of social exclusion. Science, **302**（5643）, 290-292.
Farroni, T., Csibra, G., Simion, F., & Johnson, M. H.（2002）. Eye contact detection in humans from birth. Proceedings of the National Academy of Sciences, **99**（14）, 9602-9605.
繁田　進（1987）．愛着の発達―母と子の心の結びつき―　大日本図書
数井みゆき・遠藤利彦（2005）．アタッチメント―生涯にわたる絆―　ミネルヴァ書房
Kelly, D. J., Quinn, P. C., Slater, A. M., Lee, K., Gibson, A., Smith, M., Ge, L., & Pascalis, O.（2005）. Three-month-olds, but not newborns, prefer own-race faces. Developmental Science, **8**（6）, F31-F36.
Kostandy, R., Anderson, G., & Good, M.（2013）. Skin-to-skin contact diminishes pain from hepatitis B vaccine injection in healthy full-term neonates. Neonatal Network, **32**（4）, 274-280.
Meltzoff, A. N. & Moore, M. K.（1977）. Imitation of facial and manual gestures by newborn infants. Science, **198**, 75-78.
Mennella, J. A., Jagnow, C. P., & Beauchamp, G. K.（2001）. Prenatal and postnatal flavor learning by human infants. Pediatrics, **107**（6）, e88.
森口佑介（2014）．おさなごころを科学する―進化する乳幼児観―　新曜社
奥村優子・鹿子木康弘・竹内祥惠・板倉昭二（2014）．12ヵ月児における方言話者に対する社会的選好　心理学研究, **85**（3）, 248-256.
篠原郁子（2013）．心を紡ぐ心―親による乳児の心の想像と心を理解する子どもの発達―　ナカニシヤ出版
Simcock, G. & Hayne, H.（2002）. Breaking the barrier? Children fail to translate their preverbal memories into language. Psychological Science, **13**（3）, 225-231.
Slater, R., Cantarella, A., Gallella, S., Worley, A., Boyd, S., Meek, J., & Fitzgerald, M.（2006）. Cortical pain responses in human infants. The Journal of Neuroscience, **26**（14）, 3662-3666.
Spelke, E. S. & Kinzler, K. D.（2007）. Core knowledge. Developmental Science, **10**（1）, 89-96.
Wynn, K.（1992）. Addition and subtraction by human infants. Nature, **358**, 749-750.

▶**現場の声6**
小杉眞司（編）（2016）．遺伝カウンセリングのためのコミュニケーション論―京都大学大学院医学研究科遺伝カウンセラーコース講義―　メディカルドゥ

●**第3章**
朝生あけみ（1987）．幼児期における他者感情の推測能力の発達：利用情報の変化　教育心理学研究, **35**, 33-40.
Borke, H.（1971）. Interpersonal perception of young children: Egocentrism or empathy? Developmental Psychology, **5**, 263-269.
Damon, W.（1975）. Early conceptions of positive justice as related to the development of logical operations. Child Development, **46**, 301-312.
古屋喜美代（1987）．幼児の劇遊びにおける意識的調整の発達的研究　教育心理学研究, **35**, 335-343.
服部敬子（1996）．幼児期中期の「自我」の発達と保育の課題　京都大学教育学部紀要, **42**, 133-143.
Gnepp, J.（1983）. Children's social sensitivity: Inferring emotions from conflicting cues. Developmental Psychology, **19**, 805-814
Hashimoto, Y., Ikemori, A., & Toda, Y.（2012）. The distribution of clean-up jobs in Japanese kindergarten classrooms: An exploratory study of young children's views on sharing work responsibilities. Asia-Pacific Journal of Research in Early Childhood Education, **6**, 1-21.
岩附啓子・河崎道夫（1987）．エルマーになった子どもたち　ひとなる書房
金丸智美・無藤　隆（2004）．母子相互作用場面における2歳児の情動プロセスの個人差　発

達心理学研究, **15**, 183-194.
金丸智美・無藤　隆（2006）．情動調整プロセスの個人差に関する 2 歳から 3 歳への発達的変化　発達心理学研究, **17**, 219-229.
神田英雄（2004a）．伝わる心がめばえるころ　かもがわ出版
神田英雄（2004b）．3 歳から 6 歳―保育・子育てと発達研究をむすぶ 幼児編―　ちいさいなかま社
加用文男（1981）．幼児のケンカの心理学的分析　現代と保育, **9**, 176-189.
加用文男（1990）．子ども心と秋の空　ひとなる書房
加用文男（1992）．ごっこ遊びの矛盾に関する研究―心理状態主義へのアプローチ―　心理科学, **14**, 1-19.
加用文男（1994）．忍者にであった子どもたち　ミネルヴァ書房
加用文男（2002）．幼児のプライドに関する研究　心理科学, **23**, 17-29.
木下孝司（2001）．遅延提示された自己映像に関する幼児の理解―自己認知・時間的視点・「心の理論」の関連―　発達心理学研究, **12**, 185-194.
小林　登・石井威望・髙橋悦二郎・渡辺富夫・加藤忠明・多田　裕（1983）．周産期の母子間コミュニケーションにおけるエントレインメントとその母子相互作用としての意義　周産期医学, **13**, 1883-1896.
樟本千里・山崎　晃（2002）．幼児期における 2 つの他者感情推論能力と向社会的行動　日本発達心理学会第 13 回大会論文集, 297.
Kusumoto, C., Nakahara, T., & Hashimoto, Y.（2015）．Influences of authority and fairness on children's democratic thinking. Shaping Educational Landscapes that Foster Moral Values in the Asia-Pacific Region, 48.
Mischel, W.（2014）．*The marshmallow test: Mastering self-control.* Little, Brown and Company.（柴田裕之（訳）（2015）．マシュマロ・テスト　早川書房）
森口佑介（2014）．おさなごころを科学する―進化する乳幼児観―　新曜社
斎藤桂子・河崎道夫（1991）．ボクらはへなそうる探検隊　ひとなる書房
田丸尚美（1991）．幼児の遊びにおける役割関係の理解―おにごっこ場面の発達的検討―　教育心理学研究, **39**, 341-347.
戸田有一・橋本祐子（2013）．報酬・責任の分配における幼児の公平判断―返報性・巡報性・ケアの考慮―　道徳性発達研究, **8**（1）, 1-9.
富田昌平（2002）．実在か非実在か―空想の存在に対する幼児・児童の認識―　発達心理学研究, **13**, 122-135.
富田昌平（2009a）．幼児期における不思議を楽しむ心の発達―手品に対する反応の分析から―　発達心理学研究, **20**, 86-95.
富田昌平（2009b）．幼児におけるサンタクロースのリアリティに対する認識　発達心理学研究, **20**, 177-188.
富田昌平・野山佳那美（2014）．幼児期における怖いもの見たさの心理の発達―怖いカード選択課題による検討―　発達心理学研究, **25**, 291-301.
津々清美（2010）．報酬量の違いが 5 歳児の報酬分配行動に及ぼす影響　心理学研究, **81**（3）, 201-209.
鈴木亜由美（2006）．幼児の日常場面に見られる自己調整機能の発達：エピソードからの考察　京都大学大学院教育学研究科紀要, **52**, 373-385.
渡辺弥生（1992）．幼児・児童における分配の公正さに関する研究　風間書房
渡辺富夫（2001）．心が通う身体的コミュニケーションシステム E-COSMIC　電子情報通信学会技術研究報告　HCS, ヒューマンコミュニケーション基礎, **101**（114）, 49-54.
渡辺富夫・大久保雅史・小畑浩基（2000）．発話音声に基づく身体的インタラクションロボットシステム 日本機械學會論文集 C 編, **66**（648）, 2721-2728.
山口啓太・渡辺富夫・大久保雅史・小野紘司（2002）．音声駆動型複数身体引き込みコミュニケーションシステム "さくら" による集団コミュニケーション場の伝達効果, ヒューマンインタフェースシンポジウム 2002 論文集, 519-522.
Zazzo, R.（1993）．*Reflets de miroir et autres doubles.* Paris: Presses Universitaires de France.（加藤

義信(訳)(1999). 鏡の心理学 ミネルヴァ書房)

● 第4章
秋田喜代美(2012). 学校生活 高橋惠子・湯川良三・安藤寿康・秋山弘子(編) 発達科学入門 2 胎児期〜児童期(pp.239-253) 東京大学出版会
Baddeley, A. D. & Hitch, G. (1974). Working memory. In G. H. Bower (Ed.), *The psychology of learning and motivation: Advances in research and theory* (vol. 8, pp.47-89). New York: Academic Press.
Eisenberg, N. (1986). *Altruistic emotion, cognition, and behavior*. New York: Lawrence Eralbaum.
古荘純一(2009). 日本の子どもの自尊感情はなぜ低いのか—児童精神科医の現場報告— 光文社
Hoffman, M. L. (2000). *Empathy and moral development: Implications for caring and justice*. Cambridge: Cambridge University Press. (菊池章夫・二宮克美(訳)(2001). 共感と道徳性の発達心理学—思いやりと正義とのかかわりで— 川島書店)
笠間多江子(2011). くすのき学級の子ども達—知的障害学級の子どもの発達と支援— 高橋登(編著) 障害児の発達と学校の役割—地域で学び,育つということ—(pp.29-51) ミネルヴァ書房
Key, E. K. S.(1909). *The century of the child*. New York: G. P. Putnam's Sons. (原田 實(訳)(1960). 児童の世紀 玉川大学出版部)
Kohlberg, L. (1969). Stage and sequence: The cognitive-developmental approach to socialization. In D. A. Goslin (Ed.), *Handbook of socialization theory and research*. Chicago: Rand-McNally. (永野重史(監訳)(1987). 道徳性の形成:認知発達的アプローチ 新曜社)
小嶋秀夫(1991). 児童心理学への招待—学童期の発達と生活— サイエンス社
宮本 健・小島道生(2013). 高機能広汎性発達障害児の自尊感情,自己評価と抑うつ傾向に関する研究 人文科学(岐阜大学教育学部研究報告), **62**, 175-181.
文部科学省(2002). 通常の学級に在籍する特別な教育的支援を必要とする児童生徒に関する全国実態調査 結果報告
森田洋司(2010). いじめとは何か—教室の問題,社会の問題— 中央公論新社
内閣府(2014). 平成27年度版子ども・若者白書(全体版)
　　http://www8.cao.go.jp/youth/whitepaper/h27honpen/b1_03_03.html
西中華子(2014). 心理学的観点および学校教育的観点から検討した小学生の居場所感—小学生の居場所感の構造と学年差および性差の検討— 発達心理学研究, **25**, 466-476.
野上 暁(2008). 子ども学その源流へ—日本人の子ども観はどう変わったか— 大月書店
大対香奈子・堀田美佐緒・竹島克典・松見淳子(2013). 日本語版SLAQの作成—学校適応の規定要因および抑うつとの関連の検討— 日本学校心理士会年報, **6**, 59-69.
Piaget, J. & Inhelder, B. (1948). *La representation de l'espace chez l'enfant*. Paris: Presses Universitaires de France. (F. J. Langdon & J. L. Lunzer (Trans.) (1956). *The child's conception of space*. London: Routledge and Kagan Paul).
齊藤 彩・松本聡子・菅原ますみ(2016). 児童期後期の不注意および多動性・衝動性と抑うつとの関連—養育要因と自尊感情に着目して— パーソナリティ研究, **25**, 74-85.
酒井 朗・横井紘子(2011). 保幼小連携の原理と実践—移行期の子どもへの支援— ミネルヴァ書房
関口雄一・濱口佳和(2015). 小学生用関係性攻撃観尺度の作成—2種類の攻撃性との関連の検討— 教育心理学研究, **63**, 295-308.
Selman, R. L. (1981). The child as a friendship philosopher. In S. R. Asher & J. M. Gottman (Eds.), *The development of children's friendship* (pp. 242-272). New York: Cambridge University Press.
清水由紀(2010). 危険回避と向社会性のジレンマをどう解決するか 袖井孝子・内田伸子(編) 子どもの暮らしの安全・安心〜命の教育へ 2—児童期から青年期にかけて—(pp. 29-34) 金子書房
高橋惠子(2002). 絵画愛情の関係検査 小学生版(女子用)(PART-SC for girls)
　　http://www.keiko-takahashi.com/pdf/PART-SC_for_girls.pdf(2017年1月13日)

高橋惠子（2010）．人間関係の心理学―愛情のネットワークの生涯発達― 東京大学出版会
竹島克典・松見淳子（2015）．児童期の抑うつと対人関係要因との関連―コーピング，ソーシャルサポート，仲間関係，対人ストレッサーに焦点をあてた前向き研究― 発達心理学研究，**26**, 158-167.
山岸明子（1995）．道徳性の発達に関する実証的・理論的研究 風間書房
湯澤正通・齊藤 智・河村 暁・湯澤美紀・無藤 隆（2015）．ワーキングメモリ理論と発達障害―環境設定から学習・就業支援へ― 教育心理学年報，**54**, 194-201.

● 第5章

有光興記・藤澤 文（編）（2015）．モラルの心理学―理論・研究・道徳教育の実践― 北大路書房
鮎川 潤（2001）．少年犯罪―ほんとうに多発化・凶悪化しているのか― 平凡社
Becker, H. S.（1963）．*Outsiders: In the sociology of deviance.* London: Free Press.（村上直之（訳）（1993）．新装アウトサイダーズ―ラベリング論とはなにか 新泉社）
千島雄太・村上達也（2016）．友人関係における"キャラ"の受け止め方と心理的適応 教育心理学研究, **64**, 1-12.
Emler, N. & Reicher, S.（1995）．*Adolescence and delinquency: The collective management of reputation.* Cambridge, Mass: Blackwell.
Festinger, L.（1954）．A theory of social comparison processes. *Human Relations,* **7**, 117-140
古荘純一（2009）．日本の子どもの自尊感情はなぜ低いのか―児童精神科医の現場報告― 光文社新書
浜島幸司（2006）．若者の道徳意識は衰退したのか 浅野智彦（編）検証・若者の変貌（pp. 191-232）勁草書房
広田照幸（2001）．教育言説の歴史社会学 名古屋大学出版会
Hirschi, T.（1969）．*Cause of delinquency.* Berkeley: University of California Press.（森田洋司・清水新二（監訳）（1995）．非行の原因―家庭・学校・社会へのつながりを求めて― 文化書房博文社）
Hitokoto, H. & Sawada, M.（2016）．Envy and School Bullying in the Japanese Cultural Context. In R. H. Smith, U. Merlone, & M. K. Duffy（Eds.），*Envy at work in organizations*（pp. 267-295）．Oxford: Oxford University Press.
本田真大・石隈利紀・新井邦二郎（2009）．中学生の悩みの経験と援助要請行動が対人関係適応感に与える影響 カウンセリング研究，**42**, 176-184.
磯部美良・堀江健太郎・前田健一（2004）．非行少年と一般少年における社会的スキルと親和動機の関係 カウンセリング研究, **37**, 15-22.
石川隆行・内山伊知郎（2002）．青年期の罪悪感と共感性および役割取得能力の関連 発達心理学研究, **13**, 12-19.
石津憲一郎（2016）．過剰適応 中間玲子（編）自尊感情の心理学―理解を深める「取り扱い説明書」―（pp. 108-119）金子書房
石津憲一郎・安保英勇（2008）．中学生の過剰適応傾向が学校適応感とストレス反応に与える影響 教育心理学研究, **56**, 23-31.
伊藤美奈子（2006）．思春期・青年期の意味 海保博之（監修）伊藤美奈子（編）朝倉心理学講座16巻 思春期・青年期臨床心理学（pp. 1-12）朝倉書店
金綱知征（2015）．日英比較研究からみた日本のいじめの諸特徴―被害者への否定的感情と友人集団の構造に着目して― エモーション・スタディーズ, **1**, 17-22.
苅谷剛彦（2001）．階層化日本と教育危機―不平等再生産から意欲格差社会へ― 有信堂高文社
加藤弘通（2005）．ひきこもりの心理 白井利明（編）迷走する若者のアイデンティティ―フリーター・ニート・ひきこもり―（pp. 189-213）ゆまに書房
加藤弘通（2007）．問題行動と学校の荒れ ナカニシヤ出版
加藤弘通（2014）．自尊感情とその関連要因の比較―日本の青年は自尊感情が低いのか？― 平成25年度 我が国と諸外国の若者の意識に関する調査（内閣府），119-133.

http://www8.cao.go.jp/youth/kenkyu/thinking/h25/pdf/b3_1.pdf（2017 年 1 月 12 日）
加藤弘通・大久保智生（2005）．学校の荒れと生徒文化の関係についての研究―〈落ち着いている学校〉と〈荒れている学校〉では生徒文化にどのような違いがあるか―　犯罪心理学研究, **43**, 1-16.
加藤弘通・大久保智生（2009）．学校の荒れの収束過程と生徒指導の変化―二者関係から三者関係に基づく指導へ　教育心理学研究, **57**, 466-477.
警察庁（2016）．平成 27 年中の少年非行情勢について
　　　https://www.npa.go.jp/safetylife/syonen/hikoujousei/H27.pdf（2017 年 1 月 12 日）
小林正幸（2003）．不登校児の理解と援助　金剛出版
国立教育政策研究所（2014）．生徒指導リーフ，Leaf.15，中 1 ギャップの真実
　　　http://www.nier.go.jp/shido/leaf/leaf15.pdf（2016 年 12 月 4 日）
国立青少年教育振興機構（2016）．青少年の体験活動等に関する実態調査（平成 26 年調査）結果の概要・資料集
　　　http://www.niye.go.jp/kenkyu_houkoku/contents/detail/i/107/（2016 年 12 月 23 日）
國吉真弥（1997）．自己呈示行動としての非行（1）　犯罪心理学研究, **35**, 1-13.
松尾直博・新井邦二郎（1998）．児童の対人不安傾向と公的自己意識，対人的自己効力感との関係　教育心理学研究, **46**, 21-30.
守山　正・西村春夫（1999）．犯罪学への招待　日本評論社
溝上慎一（2008）．自己形成の心理学―他者の森をかけ抜けて自己になる―　世界思想社
文部科学省（2010）．全国学力・学習状況調査によって明らかになった事項
　　　http://www.mext.go.jp/b_menu/shingi/chousa/shotou/074/shiryo/attach/1295631.htm（2016 年 12 月 23 日）
文部科学省（2016a）．平成 27 年度「児童生徒の問題行動等生徒指導上の諸問題に関する調査」（速報値）について
　　　http://www.mext.go.jp/b_menu/houdou/28/10/__icsFiles/afieldfile/2016/10/27/1378692_001.pdf（2016 年 12 月 23 日）
文部科学省（2016b）．平成 28 年度学校基本調査（確定値）の公表について
　　　http://www.mext.go.jp/component/b_menu/other/__icsFiles/afieldfile/2016/12/22/1375035_1.pdf（2017 年 1 月 25 日）
中嶋哲彦・平湯真人・松本伊智朗・湯澤直美・山野良一（編）（2016）．子どもの貧困ハンドブック　かもがわ出版
Mussen, P. & Eisenberg-Berg, N.（1977）．*The roots of caring, sharing, and helping.* San Francisco: Freeman.（菊池章夫（訳）（1980）．思いやりの発達心理　金子書房）
日本経済新聞（2016）．「子供の貧困，6 人に 1 人」　日本経済新聞 2016 年 1 月 8 日朝刊
二宮克美（2005）．日本における向社会的行動研究の現状―この 20 年間の歩みと課題―　東海心理学研究, **1**, 45-54.
西村春夫（1991）．能動的非行少年のイメージ　比較法制研究, **14**, 81-125.
大久保智生（2011）．現代の子どもや若者は社会性が欠如しているのか―コミュニケーション能力と規範意識の低下言説から見る社会―　大久保智生・牧　郁子（編）　実践をふりかえるための教育心理学―教育心理にまつわる言説を疑う―（pp. 113-128）　ナカニシヤ出版
大久保智生・中川大暉（2014）．現代の子どもをめぐる言説の批判心理学的視点による検討―批判心理学はどのように量的調査を読み解いていくのか―　心理科学, **35**, 8-17.
大野晶子（2008）．いじめ加害者達の社会的スキルといじめ継続期間の関連　日本女子大学大学院人間社会研究科紀要, **14**, 149-161.
小塩真司・岡田　涼・茂垣まどか・並川　努・脇田貴文（2014）．自尊感情平均値に及ぼす年齢と調査年の影響― Rosenberg の自尊感情尺度の日本語版のメタ分析―　教育心理学研究, **62**, 273-282.
佐藤有耕（1994）．青年期における自己嫌悪感の発達的変化　教育心理学研究, **42**, 253-260.
首藤敏元（2006）．幼児の向社会性と親の共感経験との関連　埼玉大学紀要教育学部（教育科学）, **55**, 121-131.
Smith, P. K.（2014）．*Understanding school bullying.* London: Sage publications ltd.　（森田洋司・山

下一夫（監修）葛西真記子・金綱知征（監訳）（2016）．学校におけるいじめ―国際的に見たその特徴と取組への戦略―　学事出版）

Smith, R. H.（2000）. Assimilative and contrastive emotional reactions to upward and downward social comparison. In J. Suls & L.Wheeler（Eds.）, *Handbook of social comparison*（pp. 173-200）. New York: Kluwer Academic/Plenum Publishers.

Sutherland, E. H. & Cressy, D. R.（1960）. *Principles of criminology*. Chicago: J. B. Lippincott.（平野龍一・所　一彦（訳）（1964）．犯罪の原因　有信堂）

Sutton, J., Smith, P. K., & Swettenham, J.（1999）. Social cognition and bullying: Social inadequacy or skilled manipulation? *British Journal of Developmental Psychology,* **17**, 435-450.

Sykes, G. M. & Matza, D.（1957）. Techniques of neutralization: A theory of delinquency. *American Sociological Review,* **22**, 664-670.

高木　修（1982）．順社会的行動のクラスターと行動特性　年報社会心理学, **23**, 137-156.

時岡晴美・大久保智生・岡田　涼（2015）．中四国地域の中学校における学校支援地域本部事業の取組成果と将来像―中学校と地域社会の連携の在り方に関する研究（その2）―　日本建築学会四国支部研究報告集, **15**, 151-152.

外山美樹（2007）．中学生の学業成績の向上における社会的比較と学業コンピテンスの影響―遂行比較と学習比較―　教育心理学研究, 55, 72-81.

都筑　学（2011）．発達論から見た小中一貫教育　山本由美・藤田文朗・佐貫浩（編）これでいいのか小中一貫校（pp. 52-67）新日本出版社

都筑　学（2016）．全国アンケート調査から見た小中一貫教育　山本由美・藤田文朗・佐貫浩（編）「小中一貫」で学校が消える―子どもの発達が危ない（pp. 54-70）新日本出版社

Uchida, Y., & Kitayama, S.（2009）. Happiness and unhappiness in East and West: Themes and variations. *Emotion,* **9**, 441-456.

渡辺弥生（2015）．中1ギャップを乗り越える方法―わが子をいじめ・不登校から守る育て方―　宝島社

山岸明子（2002）．現代青年の規範意識の稀薄性の発達的意味　順天堂医療短期大学紀要, **13**, 49-58.

▶ 現場の声 15

会沢信彦・田邊昭雄（編）（2016）．学級経営力を高める教育相談のワザ13　学事出版

栗原慎二・井上　弥（編）（2010）．アセスの使い方・活かし方　ほんの森出版

河村茂雄（2006）．学級づくりのためのQ-U入門　図書文化社

岡田守弘・蘭　千壽・松村茂治・大野精一・池田由紀江・菅野　敦・長崎　勤（編集）（2004）．講座「学校心理士―理論と実践」4　学校心理士の実践―中学校・高等学校編―　北大路書房

小野善郎・保坂　亨（編）（2012）．移行支援としての高校教育　福村出版

渡辺弥生・原田恵理子（編）（2015）．中学生・高校生のためのソーシャルスキル・トレーニング　明治図書

▶ 現場の声 17

犬塚石夫・松本良枝・進藤　眸（編）（2004）．矯正心理学―犯罪・非行からの回復を目指す心理学―　上巻　理論編　東京法令出版

● 第6章

Arnett, J. J.（2000）. Emerging adulthood: A theory of development from the late teen through the twenties. *American Psychologist,* **55**, 469-480.

Arnett, J. J.（2001）. Concepts of the transition to adulthood: Perspectives from adolescence through midlife. *Journal of Adult Development,* **8**, 133-143.

Caspi, A. & Moffitt, T. E.（2003）. Work experiences and personality development in young adulthood. *Journal of Personality and Social Psychology,* **84**, 582-593.

Erikson, E. H.（1980）. *Identity and the life cycle*. New York, NY: W. W. Norton & Company.（西平

直・中島由恵（訳）（2011）．アイデンティティとライフサイクル　誠信書房）
藤井恭子（2013）．恋愛関係　後藤宗理・二宮克美・高木秀明・大野　久・白井利明・平石賢二・佐藤有耕・若松養亮（編）　新・青年心理学ハンドブック（pp.326-338）　福村出版
Howard, A. L. & Galambos, N. L.（2011）．Transitions to adulthood. In B. B. Brown & M. J. Prinstein（Eds.），*Encyclopedia of Adolescence*. San Diego, CA: Academic Press.（白井利明（訳）（2014）．成人期への移行　子安増生・二宮克美（監訳）　青年期発達百科事典編集委員会（編集）　青年期発達百科事典　第1巻（pp.221-229）　丸善出版
伊藤正哉・川崎直樹・小玉正博（2011）．　自尊感情の3様態―自尊感情の随伴性と充足感からの整理―　心理学研究, **81**, 560-568.
笠原　嘉（1976）．今日の青年期精神病理像　笠原　嘉・清水将之・伊藤克彦（編）　青年期の精神病理（pp.3-27）　弘文堂
加藤隆勝（1987）．青年期の意識構造―その変容と多様化―　誠信書房
経済産業省（2006）．社会人基礎力
　http://www.meti.go.jp/policy/kisoryoku/index.htm（2016年8月27日）
児美川孝一郎（2013）．キャリア教育のウソ　筑摩書房
久世敏雄（2000）．青年期とは　久世敏雄・齋藤耕二（監修）　青年心理学事典（pp.4-5）　福村出版
Ludtke, O., Roberts, B. W., Trautwein, U., & Nagy, G.（2011）．A random walk down university avenue: Life paths, life events, and personality trait change at the transition to university life. *Journal of Personality and Social Psychology*, **101**, 620-637.
Meier, L. L., Orth, U., Denissen, J. J. A., & Kühnel, A.（2011）．Age differences in instability, contingency, and level of self-esteem across the life span. *Journal of Research in Personality*, **45**, 604-612.
宮沢秀次（2014）．学校（中学校・高校・大学）の影響　後藤宗理・二宮克美・高木秀明・大野　久・白井利明・平石賢二・佐藤有耕・若松養亮（編）　新・青年心理学ハンドブック（pp.352-362）　福村出版
溝上慎一（2009）．「大学生活の過ごし方」から見た学生の学びと成長の検討―正課・正課外のバランスのとれた活動が高い成長を示す―　京都大学高等教育研究, **15**, 107-118.
溝上慎一（2010）．現代青年期の心理学―適応から自己形成の時代へ―　有斐閣
文部科学省（2011）．高等学校教育の現状
　http://www.mext.go.jp/component/a_menu/education/detail/__icsFiles/afieldfile/2011/09/27/1299178_01.pdf（2016年8月22日）
日本経済団体連合会（2016）．新卒採用に関するアンケート調査結果
　http://www.keidanren.or.jp/policy/index09b.html（2016年8月27日）
日本経済新聞（2016）．出生数5年ぶり増加，100万8000人　15年推計　子育て支援影響か　日本経済新聞2016年1月1日朝刊
日本性教育協会（編）（2007）．「若者の性」白書―第6回青少年の性行動全国調査報告―　小学館
Ogihara, Y.（2016）．Age differences in self-liking in Japan: The developmental trajectory of self-esteem from elementary school to old age. *Letters on Evolutionary Behavioral Science*, **7**, 33-36.
大野　久（1995）．青年期の自己意識と生き方　落合良行・楠見　孝（編）　講座　生涯発達心理学　第4巻　自己への問い直し―青年期―（pp.89-123）　金子書房
大野　久（2000）．愛の本質的特徴とその対極　教職研究, **11**, 1-10.
Roberts, B. W., Caspi, A., & Moffitt, T. E.（2003）．Work experiences and personality development in young adulthood. *Journal of Personality and Social Psychology*, **84**, 582-593.
Robins, R. W., Trzesniewski, K. H., Tracy, J. L., Gosling, S. D., & Potter, J.（2002）．Global self-esteem across the lifespan. *Psychology and Aging*, **17**, 423-434.
斎藤　環（1998）．社会的ひきこもり―終わらない思春期―　PHP研究
佐藤有耕（2014）．青年期への発達心理学的接近　後藤宗理・二宮克美・高木秀明・大野　久・白井利明・平石賢二・佐藤有耕・若松養亮（編）　新・青年心理学ハンドブック（pp. 49-61）　福村出版

志村英司（2016）．短期決戦　内定後も就活　朝日新聞 2016 年 7 月 16 日朝刊
牛島定信（2009）．エリクソンの青年期論は今なお有用か　児童青年精神医学とその近接領域，**50**, 196-205.
Zeigler-Hill, V. (2013). The importance of self-esteem. In V. Zeigler-Hill (Ed.), *Self-Esteem* (pp.1-20). New York, NY: Psychology Press.

● 第 7 章

Berk, L. E. (2010). *Development through the lifespan* (5th ed.). New York: Pearson.
Erikson, E. H. (1950). *Childhood and society*. New York: Norton.（仁科弥生（訳）（1977）．幼児期と社会 1　みすず書房）
Erikson, E. H. & Erikson, J. M. (1997). *The life cycle completed: Extended version*. New York: Norton.（村瀬孝雄・近藤邦夫（訳）（2001）．ライフサイクル，その完結　増補版　みすず書房）
Ferucci, P. (1999). *I bambini ci insegnano*. Milano: Mondadori.（泉　典子（訳）（1999）．子どもという哲学者　草思社）
Havighurst, R. J. (1972). *Developmental task and education* (3rd ed.). New York: Longman.（児玉憲典・飯塚裕子（訳）（1997）．ハヴィガーストの発達課題と教育　川島書店）
日野原重明（2002）．老いを創める　朝日新聞社
柏木惠子（2013）．大人が育つ条件―発達心理学から考える―　岩波書店
柏木惠子・若松素子（1994）．「親」となることによる人格発達―生涯発達的視点から親を研究する試み―　発達心理学研究, **5**, 72-83.
経済産業省（2006）．社会人基礎力
　　http://www.meti.go.jp/policy/kisoryoku/
Levinson, D. J. (1978). *The seasons of a man's life*. New York: Alfred A. Knopf.（南　博文（訳）（1992）．ライフサイクルの心理学　講談社）
Levinson, D. J. (1996). *The seasons of a woman's life*. New York: Alfred A. Knopf.
内閣府（2014）．平成 26 年版高齢社会白書　第 1 章　高齢化の現状
　　http://www8.cao.go.jp/kourei/whitepaper/w-2014/zenbun/s1_1_1.html
中西良文・西田裕紀子（2013）．発達する教育者たち　速水敏彦（編）　教育と学びの心理学　名古屋大学出版会
岡本祐子（2007）．アイデンティティ生涯発達論の展開　ミネルヴァ書房
岡本祐子（編著）（2010）．成人発達臨床心理学ハンドブック　ナカニシヤ出版
Neugarten, L. (1979). Time, age, and the life cycle. *American Journal of Psychiatry*, **136**, 887-894.
総務省統計局（2014）．人口推計（平成 26 年 10 月 1 日現在）
　　http://www.stat.go.jp/data/jinsui/2014np/
高橋一公（2014）．生涯発達心理学の基礎と理論　高橋一公・中川佳子（編著）　生涯発達心理学 15 講　北大路書房

▶ 現場の声 21

Schein, E. H. (1978). *Carrer dynamics*. Mass: Addison-Wesley.（二村敏子・三善勝代（訳）（1991）．キャリア・ダイナミクス　白桃書房）
若林　満（2006）．組織内キャリア発達とその環境（追悼・再録論文）　経営行動科学, **19**, 77-108.

人名索引

●A
Ainsworth, M. D. S.　13, 36
秋田喜代美　78
安保英勇　117
安藤寿康　3
新井邦二郎　106
Ariés, P.　2
有光興記　110
Arnett, J. J.　136, 137
朝生あけみ　61
鮎川　潤　119

●B
Baddeley, A. D.　80
Baltes, P. B.　5, 11
Becker, H. S.　120
Berk, L. E.　154
Blum, D.　35
Borke, H.　61
Bowlby, J.　35

●C
千島雄太　117
Craig, K. O.　43
Cressy, D. R.　120

●D
Damon, W.　64
Darwin, C.　28
DeCasper, A. J.　40

●E
Eisenberg-Berg, N.　109
Eisenberger, N. I.　42
Eisenberg, N.　88
Emler, N.　121
遠藤利彦　35
Erikson, E. H.　4, 81, 144, 156, 157, 163
Erikson, J. M.　157

●F
Farroni, T.　32
Ferrucci, P.　160
Festinger, L.　106
藤井恭子　144
藤澤　文　110
古荘純一　89, 117
古屋喜美代　56

●G
Galambos, N. L.　136
Gnepp, J.　60

●H
Hall, S.　7

濱口佳和　93
浜島幸司　110
橋本裕子　65
服部敬子　52
Havighurst, R. J.　155, 156
Hayne, H.　39
日野原重明　166
広田照幸　119
Hirschi, T.　120
Hitch, G.　80
Hitokoto, H.　113
Hoffman, M. L.　88
本田真大　109
Howard, A. L.　136

●I
石川隆行　108
石津憲一郎　117
磯部美良　120
伊藤正哉　138, 139
伊藤美奈子　106, 116
岩立志津夫　172
岩附啓子　59

●K
梶川祥世　13
金丸智美　63
神田英雄　51
金綱知征　113
苅谷剛彦　118
笠原　嘉　136
笠間多江子　90
柏木惠子　153, 160, 161
加藤弘道　110, 115, 118, 121
加藤隆勝　136
河崎道夫　59
川島一夫　8
加用文男　54, 56, 59
数井みゆき　35
Kelly, D. J.　34
木下孝司　54
Kinzler, K. D.　32
Kitayama, S.　113
小林正幸　115
小林　登　68
Kohlberg, L.　86, 87
小島道生　90
国立教育政策研究所　112, 115
国立青少年教育振興機構　119
児美川孝一郎　133, 134
Kostandy, R.　43
子安増生　4, 15, 172
國吉真弥　121
樟本千里　62, 66
久世敏雄　136

182

●L
Lerner, R. M. 7
Levinson, D. J. 158, 159, 163, 164
Ludtke, O. 142, 143

●M
松見淳子 95
松本良枝 130
松尾直博 106
Meier, L. L. 139, 140
Meltzoff, A. N. 31
Mennella, J. A. 40
Mischel, W. 55
宮地 健 90
宮沢秀次 135, 141
溝上慎一 108, 141
Moore, M. K. 31
森口佑介 27, 55
森田洋司 93
守山 正 121
村上達也 117
Mussen, P. 109
無藤 隆 63, 172

●N
長崎勤 172
中川大暉 123
中嶋哲彦 119
中西良文 167
中澤 潤 13
Neugarten, L. 166
二宮克美 109, 172
西田裕紀子 167
西村春夫 121
西中華子 92
野上 暁 77
野山佳奈美 59

●O
Ogihara, Y. 137, 138
大野晶子 113
大野 久 144
岡本夏木 9
岡本祐子 153, 163, 164, 167
大久保智生 119, 120, 121, 123
奥村優子 34
小塩真司 116
大対香奈子 92

●P
Piaget, J. 4, 28, 67, 79, 81, 85, 86

●R
Reicher, S. 121
Roberts, B. W. 146
Robins, R. W. 137

●S
齊藤 彩 95
斎藤 環 136

斎藤桂子 59
酒井 朗 78
佐藤有耕 108, 136
Sawada, M. 113
Schein, E. H. 170
関口雄一 93
Selman, R. L. 82, 83
繁多 進 37
清水由紀 90, 91
志村英司 134
篠原郁子 35
首藤敏元 109
Simcock, G. 39
Slater, R. 43
Smith, P. K. 113
Smith, R. H. 106
Spelke, E. S. 32
Sutherland, E. H. 120
Sutton, J. 113
鈴木亜由美 63

●T
田島信元 172
高木 修 109
高橋一公 156
高橋惠子 84, 85
竹島克典 95
田丸尚美 56
戸田有一 65
時岡晴美 122
富田昌平 58
外山美樹 106
津々清美 65
都筑 学 112, 113
Turkheimer, E. 3

●U
Uchida, Y. 113
内山伊知郎 108
牛島定信 136

●W
若林 満 170
若松素子 160, 161
渡辺富夫 68, 69
渡辺弥生 8, 65, 112, 115
Wundt, W. 7, 11
Wynn, K. 32

●Y
山岸明子 88, 110
山口啓太 69
山崎 晃 62
横井紘子 78
湯澤正通 80

●Z
Zazzo, R. 53
Zeigler-Hill, V. 137

事項索引

●あ
IQ（Intelligence Quotient） 15
アイコンタクト 32
愛情のネットワーク理論 84
愛着 34
愛着障害 36
アイデンティティ探求 136
アイデンティティの確立 153
アクティブ・ラーニング 124, 126
アサーション 125
アサーショントレーニング 131
アタッチメント 34
アンガーマネジメント 22, 131
安定型 37
アンビバレント（両価）型 38

●い
いじめ 93, 102, 113
痛みの知覚 41
遺伝カウンセラー 49
遺伝か環境か 3
遺伝子 3
遺伝情報 49
遺伝も環境も 3
居場所 92
居場所づくり 92
インクルーシブ（包容する）教育 92

●う
ウェルビーイング 6

●え
エイジング 5
SST 24
　→ソーシャルスキル・トレーニング
援助行動 109
援助資源（リソース） 127

●お
横断研究 12

●か
外向性 142, 146
回避型 36
開放性 142
カウンセリング 128
カウンセリングマインド 99
学習指導 97
学習性無力感 90
学力保障 93
過剰適応 117
仮説検証型 14
仮説生成型 14
学級経営 126
学校支援ボランティア 122
学校の荒れ 121

家庭裁判所 21
家庭裁判所調査官 21, 122, 131
空の巣症候群 165
看護師 45
観察法 13
感情 105

●き
危険回避能力 90
疑似体験 125
規範意識 110
CAPAS 149
キャリア 163
キャリアカウンセラー 147
キャリア発達 170
9歳ないし10歳の壁 81
教育学 10
教育相談 127
矯正教育 130
協調性 142
虚構世界 58
勤勉性 81, 142

●く
Quality of Life 47
具体的操作期 79
グループダイナミックス 24

●け
形式的操作期 81
傾聴 45
刑務所 149
結果論的判断 86
健康心理学 18
現実自己 90
現実世界 58
現認 168

●こ
向社会性 109
公正観 64
構造化面接 14
行動遺伝学 3, 10
高等学校教員 126
合理的な配慮 92
高齢化社会 152
個性化 iii, 137
ごっこ遊び 56
コミュニケーション能力 145
婚姻年齢 135
コンサルテーション 171
コンボイ v

●さ
罪悪感 107, 108
サクセスフルエイジング 6

184

産業カウンセラー　170

●し
自我　52
時間的拡張自己　54
自己　105
自己鏡像認知　53
自己形成　108
自己嫌悪感　108
自己肯定感　119
自己肯定度　137
自己焦点化　136
自己制御機能　63
自己中心性　61
自己有用感　117
自己理解　89, 97
仕事　145
思春期　105
視線　29
自然観察法　13
自尊感情　89, 116, 137-139
実験観察法　13
実験法　13
実践知　9
質問紙法　14
児童期　77
児童虐待　94, 100
児童研究運動　7
児童自立支援専門員　23
児童心理学　2
児童心理司　100
児童相談所　100
社会化　iii, 140
社会学　10
社会言語学　10
社会人基礎力　145, 162
社会性　85
社会的絆理論　120
社会的視点取得　82
社会的比較　106
社会的養護　101
周産期医療　42
縦断研究　12, 19
主体性　145
出版社ライター　25
受動的非行少年観　121
馴化　29
馴化－脱馴化法　29
小1プロブレム　78
生涯発達　iii
小学校教員　96
小中一貫教育　112
少年院　130
少年院職員（法務教官）　130
少年犯罪　119
自律的道徳性　86
事例研究　15
神経症傾向　142
人生行路　v
新生児模倣　31

身体的虐待　94
親密さ　144
親密性　157
心理検査　15
心理社会的発達理論　4, 81
心理的虐待　94
心理判定員　122
進路指導　127

●す
随伴性　138
随伴性自尊感情　138, 139
スーパーバイズ　150
スクールカウンセラー　122, 128
スクールソーシャルワーカー　122
ストレータ　134
ストレンジ・シチュエーション法　36

●せ
生活指導　96
生活の質　47
成熟　1
成人期　146
成人形成期　136
成人心理学　152, 153
成長　1
性的虐待　94
生徒指導　96
生徒文化　121
世代性　157, 161
セルフケア能力　47
前概念的思考　67
前期高齢者　155
選好注視法　29
前操作期　67, 79
前部帯状回　42

●そ
相互的接近　82
双生児法　3
想像的探険遊び　59
ソーシャルスキル　113
ソーシャルスキル・トレーニング　24, 125, 126
　→ SST
尊敬共鳴　82

●た
第一反抗期　52
胎内記憶　39
第二次性徴　116
他者感情推論能力　60
他職種連携の原則　48
脱馴化　29
他律的な道徳性　85

●ち
知覚能力　30
知能検査　15
知能指数　15

チャレンジ精神　145
中1ギャップ　112
中学校教員　124
直感的思考　67, 68

●て
DNA　3
DV　94

●と
動機論的判断　86
洞察志向アプローチ　147
同情愛着　82
同調　93
道徳性　85
道徳的感情　108
徳　156
特別支援学校教員　98
特別支援教育　92
ドメスティック・バイオレンス　94
友達選択　82

●な
何かを創める引退　166

●に
日本発達心理学会　iii, 8
認知発達理論　4

●ね
ネグレクト　94
妬み　114

●の
能動的非行少年観　121

●は
PART　84
恥　107
発達　iii, 1
発達課題　155
発達障害　78, 91
発達障害者支援法　91
発達心理　2
発達心理学　1
発達段階　4
半構造化面接　14
反社会性　111
反社会的行動　111

●ひ
比較行動学　9
ひきこもり　110
非構造化面接　14
非社会性　110
ビッグ・ファイブ　142
標準化　15
貧困　93

●ふ
ファシリテーター　127
不登校　92, 110, 115
プライベート・ファイナンス・イニシアチブ　149
文化　113
文化間移行　78
文化・感情混合過程モデル　113
文化人類学　10
分化的接触理論　120

●へ
ペアレント・トレーニング　38
弁護士　102

●ほ
保安員　168
保育士　70
法務技官　122
法務教官　122, 130
ポートフォリオ　126
ホームルーム　126
保健師　47
保健指導　47
保護司　122
ボランティア活動　109
本来感　138, 139

●ま
マインドフルネス　131
マシュマロ・テスト　54
満足の遅延　55
万引きGメン　168

●み
「3つの山」問題　79

●む
無秩序型　38
無秩序・無方向型　38

●め
面接法　14
メンタルヘルス研修会　171

●も
模倣能力　31

●や
役割取得能力　82

●ゆ
有能感　81
ユニバーサルデザイン　126
誘惑への抵抗　55

●よ
幼児心理学　66
幼稚園　72
幼稚園教諭　72

幼保小連携プログラム　78
抑うつ　92, 95

●ら
ライフコース　v
ラベリング理論　120

●り
理想自己　90
療育　74
臨床心理士　74, 170, 171
臨床発達心理士　iv, 74

●れ
劣等感　81
恋愛　144

●ろ
ロールプレイ　103

●わ
ワーキングメモリ　80

シリーズ監修者

太田信夫　（筑波大学名誉教授・東京福祉大学教授）

執筆者一覧 （執筆順）

二宮克美	（編者）	はじめに，付録
渡辺弥生	（編者）	第1章
榎本淳子	（東洋大学）	第1章
森口佑介	（京都大学）	第2章
篠原郁子	（国立教育政策研究所）	第2章
樟本千里	（岡山県立大学）	第3章
富田昌平	（三重大学）	第3章
小島康生	（中京大学）	第4章
澤田匡人	（宇都宮大学）	第5章
大久保智生	（香川大学）	第5章
小塩真司	（早稲田大学）	第6章
西田裕紀子	（国立長寿医療研究センター）	第7章

現場の声　執筆者一覧　（所属等は執筆当時のもの）

現場の声1	有元麻由美	（山形家庭裁判所鶴岡支部）
現場の声2	藤原　誠	（香川県立斯道学園）
現場の声3	宇野智子	（講談社専属編集記者）
現場の声4	高橋あい	（共立女子大学）
現場の声5	田村須賀子	（富山大学大学院医学薬学研究部）
現場の声6	秋山奈々	（千葉県こども病院　こども・家族支援センター）
現場の声7	森岡美穂	（岡山協立保育園）
現場の声8	辻　彰士	（三重大学教育学部附属幼稚園）
現場の声9	杉山佳菜子	（臨床発達心理士）
現場の声10	森嶋尚子	（品川区立延山小学校）
現場の声11	山田邦博	（名古屋市特別支援学校・養護学校教員）
現場の声12	小平真希	（東京都北児童相談所）
現場の声13	莚井順子	（弁護士）
現場の声14	武藤寿彰	（静岡市中学校）
現場の声15	齊藤敦子	（千葉県立国府台高等学校）
現場の声16	新城温古	（草加市教育支援室）
現場の声17	齊藤　峰	（東北少年院）
現場の声18	遠藤香寿美	（愛知学院大学キャリアセンター）
現場の声19	岩倉　希	（日本大学）
現場の声20	伊東ゆう	（ジーワンセキュリティサービス株式会社）
現場の声21	大倉勇一	（三菱自動車工業株式会社 岡崎健康管理室）

【監修者紹介】

太田信夫（おおた・のぶお）

1971 年　名古屋大学大学院教育学研究科博士課程単位取得満了
現　在　筑波大学名誉教授　東京福祉大学教授　教育学博士（名古屋大学）

【主著・論文】
　記憶の心理学と現代社会（編著）　有斐閣　2006 年
　記憶の心理学（編著）　NHK出版　2008 年
　記憶の生涯発達心理学（編著）　北大路書房　2008 年
　認知心理学：知のメカニズムの探究（共著）　培風館　2011 年
　現代の認知心理学【全7巻】（編者代表）　北大路書房　2011 年
　Memory and Aging（共編著）Psychology Press　2012 年
　Dementia and Memory（共編著）Psychology Press　2014 年

【編者紹介】

二宮克美（にのみや・かつみ）

1974 年　名古屋大学教育学部教育心理学科卒業
1980 年　名古屋大学大学院教育学研究科博士課程単位取得満期退学
1989 年　教育学博士（名古屋大学）
現　在　愛知学院大学総合政策学部教授，愛知学院大学図書館情報センター館長

【主著・論文】
　Cultural difference in conflict management strategies of children and its development: Comparing 3- and 5-year-olds across China, Japan, and Korea.（共著）　*Early Education and Development*, **26**, 1210-1233.　2015 年
　パーソナリティ心理学ハンドブック（共編著）　福村出版　2013 年
　新・青年心理学ハンドブック（共編著）　福村出版　2014 年
　子どもの道徳的発達の文脈としての母親の「個人の自律性」概念（共著）　発達心理学研究　第 25 巻第 4 号　pp.356-366.　2014 年
　社会化の心理学／ハンドブック：人間形成への多様な接近（共編著）　川島書店　2010 年

渡辺弥生（わたなべ・やよい）

1987 年　筑波大学大学院博士課程心理学専攻単位取得退学
1989 年　教育学博士（筑波大学）
現　在　法政大学文学部教授，法政大学大学院ライフスキル教育研究所所長

【主著・論文】
　中学生・高校生のためのソーシャルスキルトレーニング（共編著）　明治図書　2015 年
　子どもの 10 歳の壁とは何か？：乗り越えるための発達心理学　光文社　2011 年
　発達と臨床の心理学　ナカニシヤ出版（共編著）　2011 年
　児童の感情リテラシーは教育しうるか：発達のアウトラインと支援のありかた　エモーション・スタディーズ　第 2 巻第 1 号　pp.16-24.　2016 年
　Children's motives for admitting to prosocial behavior. *Frontiers in Psychology; Developmental Psychology*.　DOI;10.3389/fpsyg.2016.00220（共著）
　学校予防教育に必要な「道徳性・向社会的行動」の育成　発達心理学研究　第 25 巻第 4 号　pp.422-431.　2014 年

シリーズ心理学と仕事 5　発達心理学

2017 年 3 月 10 日	初版第 1 刷印刷	定価はカバーに表示
2017 年 3 月 20 日	初版第 1 刷発行	してあります。

　　　　　　　　監 修 者　　太田信夫
　　　　　　　　編　 者　　二宮克美
　　　　　　　　　　　　　　渡辺弥生

　　　　　　　　発 行 所　　（株）北大路書房
　　　　　　〒 603-8303　京都市北区紫野十二坊町 12-8
　　　　　　　　　　　　電 話（075）431-0361（代）
　　　　　　　　　　　　FAX（075）431-9393
　　　　　　　　　　　　振替　01050-4-2083

Ⓒ2017　　　　　　　　　印刷・製本／亜細亜印刷（株）
　　　　　検印省略　落丁・乱丁本はお取り替えいたします。
　　　　　　　ISBN978-4-7628-2961-1　Printed in Japan

・ JCOPY 〈(社)出版者著作権管理機構 委託出版物〉
本書の無断複写は著作権法上での例外を除き禁じられています。
複写される場合は，そのつど事前に，(社)出版者著作権管理機構
（電話 03-3513-6969,FAX 03-3513-6979,e-mail: info@jcopy.or.jp)
の許諾を得てください。